LA CATHÉDRALE DES SAINTS-APÔTRES
DE KARS (930-943)

MATÉRIAUX POUR L'ARCHÉOLOGIE ARMÉNIENNE — I

J.M. THIERRY

LA CATHÉDRALE DES SAINTS-APÔTRES
DE KARS (930-943)

LOUVAIN - PARIS

DÉPOSITAIRE : ÉDITIONS PEETERS, B.P. 41, B-3000 LOUVAIN

1978

ISBN 2-8017-0095-9

D. 1978/0602/17

INTRODUCTION

On pourra s'étonner que le monument que nous présentons ici n'ait jamais fait l'objet d'une étude archéologique sérieuse et approfondie et qu'il ait fallu attendre l'année 1967 pour qu'en soit publié, pour la première fois, le plan[1].

Pourtant, par son très bon état de conservation, par sa datation certaine au début du Xe siècle, par l'intérêt de son architecture et de sa décoration sculptée, il aurait dû attirer l'attention des archéologues. Or, il n'en est rien. Comme nous le verrons, J. Strzygowski lui a consacré seulement quelques lignes assez ternes et, plus récemment, G. Č'ubinašvili n'en a guère dit plus.

Comment expliquer cette carence, pour un monument situé au cœur d'une ville d'accès, somme toute, facile? L'explication nous paraît essentiellement politique et militaire. Kars a été, et est encore, sans doute, une des places fortes les plus sûres de la Turquie orientale. Depuis quatre siècles sa citadelle contrôlait la frontière de l'Empire Ottoman, soumise aux attaques des Perses, puis des Russes. Quand l'archéologie arménienne a commencé à susciter l'intérêt du monde savant, dans la seconde moitié du XIXe siècle, Kars était devenu, face à l'expansionnisme tsariste, un véritable camp retranché, bien entendu interdit aux étrangers. L'annexion russe (entre 1878 et 1919) n'arrangea pas les choses, la situation s'étant simplement inversée. Kars devenait, pour les Russes, le pivot de leur défense, en même temps, du reste, qu'une base de départ, et là encore les archéologues étaient jugés indésirables[2].

Ce n'est qu'en 1964 que les Turcs, qui avaient reconquis la province, autorisèrent le libre accès de Kars. Toutefois, en dépit de cinq séjours dans la ville (en 1959, 1964, 1966, 1967, 1970), notre étude est restée assez superficielle car les autorités locales n'apprécient pas qu'on s'intéresse de trop près aux antiquités arméniennes. Nous pensons, malgré ces restrictions, que les notes qui vont suivre ne seront inutiles, ni à l'archéologue, ni à l'historien.

*
* *

La cathédrale de Kars se trouve dans l'ancienne ville. Celle-ci, autrefois cernée d'une muraille flanquée de hautes tours[3], occupe la rive droite d'un petit ruisseau

---

[1] Ce plan relevé par M. Dupin a été publié dans THIERRY, *Kars*, I, pl. XXX.

[2] A la fin du XIXe siècle, le voyageur anglais Lynch ne put photographier le monument (LYNCH, I, 407).

[3] ORBELI (I.), « Inscriptions lapidaires arméniennes », *Izbrannye Trudy* (Morceaux choisis), Erivan, 1963, 469-71.

affluent du Kars çay entre, au nord, la citadelle, assise sur un dyke volcanique et, au sud, la ville nouvelle bâtie sur une colline.

Kars est situé à 1750 m d'altitude, sur un plateau sombre et sévère, entaillé de profondes gorges taillées à pic, au fond desquelles coulent de tumultueux torrents.

La ville, nous l'avons dit, est essentiellement militaire et sa forteresse remonterait, selon la tradition, à la plus haute antiquité[4]. Le nom même de Kars serait, selon certains, d'origine géorgienne et, selon d'autres, d'origine turque[5]. Les Arméniens lui donnaient le nom de *Karuc'*, concurremment à celui de Kars.

Les maisons, datant pour la plupart de l'occupation russe, sont basses, massives, austères et, par leurs pierres noires, contribuent à donner à la ville cette impression de tristesse et d'abandon qu'ont ressentie la majorité des voyageurs. Cependant, depuis quelques années, Kars, qui est le chef-lieu du vilayet, s'est repeuplé et compte environ 30.000 habitants, kurdes, turcs et russes blancs. Les progrès de l'élevage, la création d'une petite industrie (lait, fromages), le développement du tourisme lui ont donné une certaine prospérité[6].

*   *
*

Les cartes esquisses (fig. 1 et 4) ont été établies sur le canevas de la carte nationale turque[7], complétée par les données historiques empruntées partiellement aux atlas édités par les Républiques de Géorgie et d'Arménie[8].

Les photographies ont été prises, en format 6 × 6 cm, avec un appareil Hasselblad sur film noir et blanc lent (17° DIN) et couleurs Ektachrome; en format 24 × 36 mm avec un appareil Alpa Reflex sur film couleurs Kodachrome II, Ferrania et Adox 14.

Les plans sont au 1/200 sauf indication contraire.

*   *
*

Notre travail est original dans son matériel comme dans ses commentaires et conclusions, mais bien entendu nous avons puisé aux sources historiques et dans les travaux archéologiques les éléments nécessaires à notre étude. Les ouvrages le plus souvent cités sont abrégés ainsi :

[4] HOVHANNESEAN (Père M.), *Hayastani Berderə* (Les Forteresses de l'Arménie), Venise, 1970, 748-58. On y voyait le site de la citadelle de Χόρσα signalée par Ptolémée.
[5] Le mot géorgien Kari signifie Porte. Certains auteurs rapprochent Kars de l'arabe Qasr (= Château). Cf. surtout *Encyclopédie de l'Islam*, nlle éd. sv : Kars.
[6] *Kars Il yilliği 1967* (Annuaire 1967 du vilayet de Kars), Ankara, 1967.
[7] *Harita Umum Müdürlügü*, Ankara, 1944-1953 (carte au 1/200.000).
[8] *Atlas Armyanskoi Sovetskoi Soc'ialističeskoi Respubliki*, Erivan-Moscou, 1961 ; *Atlas Gruzinskoi Sovetskoi Soc'ialističeskoi Respubliki*, Tiflis-Moscou, 1964 ; cartes dans MANVELICHVILI (A.), *Histoire de la Géorgie*, Paris, 1951 et dans GROUSSET, *Arménie*.

ALIŠAN, *Ayrarat* = ALIŠAN (Père Ł.), *Ayrarat*, Venise, 1890.

ALIŠAN, *Širak* = ALIŠAN (Père Ł.), *Širak, Telagrut'iwn Patkerac'oyc'* (Širak, Topographie illustrée), Venise, 1881.

Architettura = *Architettura Medievale Armena*, Roma, 1968.

ARISTAKES LAST. = *Patmut'iwn Aristakēsi Lastivertc'ioy* (Histoire d'Aristakes de Lastivert), Venise, 1844.

ARISTAKES LAST. (trad.) = ARISTAKES DE LASTIVERT, *Récit des Malheurs de la Nation Arménienne*, trad. Canard et Berberian, 1973.

BROSSET, *Add.* = BROSSET (M.), *Additions et Eclaircissements à l'Histoire de la Géorgie, depuis l'Antiquité jusqu'en 1469 de J-C*, St-Pétersbourg, 1851.

CEDRENOS = CEDRENOS (Georges), *Synopsis Historion, CSHB*, 2 vol. 1838.

CHA = BROSSET (M.), *Collection d'Historiens Arméniens*, St-Pétersbourg, 1874-1876, 2 vol.

CHAMA = LANGLOIS (V.), *Collection des Historiens Anciens et Modernes de l'Arménie*, Paris, 1869-1880, 2 vol.

CSHB = *Corpus Scriptorum Historiae Byzantinae*, Bonn.

CUNEO, *Pianta Cent.* = CUNEO (P.), «Le Chiese paleocristiane armene a pianta centrale», *CorsiRav*, XX (1973), p. 241-62.

CorsiRav = *Corsi di Cultura sull'arte Ravennate et Bizantina*, Ravenne, 1953-

Č'UBINAŠVILI, *Recherches* = Č'UBINAŠVILI, *Razyskaniya po Armyanskoye Arxitekture* (Recherches sur l'Architecture Arménienne), Tiflis, 1967 (résumé en allemand).

DHA = BROSSET (M.), *Deux Historiens Arméniens*, St Pétersbourg, 1870.

DNPA = ACARYAN (H.), *Hayoc' Anjnanunneri Baṙaran* (Dictionnaire des noms propres arméniens) Erivan, 1942-1962, 5 vol. (rééd. Beyrouth, 1972).

EP'RIKEAN = EP'RIKEAN (S.), *Patkerazard Bnasxarhik Baṙaran* (Dictionnaire illustré de la patrie), Venise, 1903-1905.

ETIENNE TAR. = STEP'ANOS TARONEC'IOY ASOŁIK, *Patmut'iwn tiezerakan* (Histoire Universelle), ed. Malxasean, St-Pétersbourg, 1885.

ETIENNE TAR. (Trad.) = E. ACOGHIC DE DARON, *Histoire Universelle*, 1re partie (livre I et II), trad. Dulaurier, Paris 1883, et E. ASOŁIK DE TARON, *Histoire Universelle*, 2e partie (livre III), trad. Macler, Paris, 1917.

EVLIYA = EVLIYA ÇELEBI, *Seyahatnâme* (Le livre des voyages), Istanbul, 1928-1938, 10 vol.

GRABAR, *Martyrium* = GRABAR (A.), *Martyrium, Recherches sur le culte des reliques et l'art chrétien antique*, Paris, 1946, 2 vol. et planches.

GROUSSET, *Arménie* = GROUSSET (R.), *Histoire de l'Arménie des origines à 1071*, Paris, 1947.

JEAN CATH. = HOVHANNĒS DRASXANAKERTC'I KAT'OŁIKOS, *Patmut'iwn* (Histoire), Jérusalem, 1867.

JEAN CATH. (Trad.) = LE PATRIARCHE JEAN VI, *Histoire de l'Arménie*, trad. Saint-Martin, Paris, 1841.

KHATCHATRIAN, *ArchArm* = KHATCHATRIAN (A.), «L'Architecture Arménienne», *Vostan* (Paris), I, n° 1.

KHATCHATRIAN, *Arch. IV-VI* = KHATCHATRIAN (A.), *L'Architecture Arménienne du IVe au VIe siècle*, Paris, 1971.

KHATCHATRIAN, *Baptistères* = KATCHATRIAN (A.), *Baptistères Paléo-Chrétiens*, Paris, 1961.

KIRAKOS GANJAK = KIRAKOS GANJAKEC'IOY, *Hamarôt Patmut'iwn i siboyn Grigorē yawurs iwz lusabaneal* (Histoire universelle depuis saint Grégoire du temps de son illumination), Venise, 1865.

KIRAKOS GANJAK (Trad.), KIRAKOS DE GANTZAC, XIIIe siècle, «Histoire d'Arménie», *DHA*, 1-205.

KIRZIOĞLU, *Kars* = KIRZIOĞLU (M. F.), *Kars Tarihi* (Histoire de Kars), I, Istanbul, 1953 (un seul volume paru).

LYNCH = LYNCH (H. F. B.), *Armenia. Travels and Studies*, London, 1901, 2 vol.

MAC = Materialy po Arxeologii Kavkaza (Matériaux pour l'Archéologie du Caucase), Moscou, 1888-1916, 13 vol.

MARUT'YAN, *Avan* = T. MARUT'YAN, *Avani Tačarǝ ev hamanman Hušarjanner* (Le Temple d'Avan et monuments similaires), Erivan, 1976.

MNAC'AKANYAN, Siounie = MNAC'AKANYAN (S. X.), *Haykakan čartarapetut'yean Syunik'i dproc'ǝ* (L'école de Siounie dans l'architecture arménienne), Erivan, 1960.

RÉArm = Revue des Études Arméniennes, nouvelle série, Paris, 1963-.

SAMUEL ANI = SAMUEL K'AHANA ANEC'IOY, *Hawak'unk' i groc' patmagrac'* (Recueil d'écrits historiques), ed. Ter Mikelean, Valaršapat, 1893.

SAMUEL ANI (Trad.) = SAMOUEL D'ANI, « Tables Chronologiques », *CHA*, II, 339-483.

SARGISEAN, Voyage = SARGISEAN (Père N.), *Telagrut'iwnk' i P'ok'r ew i Mec Hays* (Voyages topographiques en Petite et en Grande Arménie), Venise, 1864.

STRZYGOWSKI, *Baukunst* = STRZYGOWSKI (J.), *Die Baukunst der Armenier und Europa*, Wien, 1918, 2 vol.

THIERRY, *Kars* = THIERRY (M.), « A propos de quelques monuments chrétiens du vilayet de Kars (Turquie) », *RÉArm*, III, 73-90; VIII, 189-213.

THIERRY, *Monastères* = THIERRY (M.), « Monastères arméniens du Vaspurakan », *RÉArm*, IV, 167-186; V, 65-90; VI, 141-80; VII, 123-70; VIII, 215-27; IX, 137-78; X, 191-232; XI, 377-421.

THOMAS ARDZ. = T'OVMA ARCRUNI, *Patmut'iwn Tann Arcruneac'* (Histoire de la Maison des Ardzrouni), St-Pétersbourg, 1887.

THOMAS ARDZ. (Trad.) = THOMAS ARDZROUNI, « Histoire des Ardzrounis », *CHA*, I, 1-266.

T'ORAMANYAN, *Matériaux* = T'ORAMANYAN (T'), *Nyut'er Haykakan Čartarapetut'yan Patmut'yan* (Matériaux pour l'Histoire de l'Architecture Arménienne), Erivan, 1942-1948, 2 vol.

TOKARSKI, *ArchArm* = TOKARSKI (N.), *Arxitektura Armenii IV-XIV vv* (Architecture arménienne IVe-XIVe siècles), Erivan, 1961 (2e édition).

CHAPITRE PREMIER

DONNÉES HISTORIQUES

La cathédrale des Saints-Apôtres de Kars a été construite entre 930 et 943 par le roi d'Arménie, Abas; mais avant d'exposer les circonstances de la fondation de l'église, nous croyons indispensable d'en situer rapidement le cadre historique et culturel.

1. *Le milieu historique et culturel: le royaume d'Arménie au début du Xᵉ siècle* (fig. 1)[1].

Le roi Abas, quand il succéda à son frère Ašot II, en 928, abandonna sa capitale de Širakavan[2] pour Kars, dont la citadelle lui paraissait beaucoup plus favorable à la défense.

A cette époque, le royaume d'Arménie n'avait pas 50 ans d'existence[3], mais il jouait déjà un rôle de premier plan dans les affaires de Transcaucasie. Avec ses voisins, le royaume de Vaspurakan et ceux de Géorgie, les rapports ne furent pas toujours harmonieux mais sans déboucher toutefois, du moins à l'époque d'Abas, sur des conflits graves. Avec ses grands suzerains, Califat Abbasside et Empire byzantin, le roi d'Arménie sut mener une habile politique d'équilibre et de remarquable prudence. Voyons rapidement quels furent les rapports de l'Arménie avec les puissances ci-dessus désignées :

a) La promotion de la Principauté du Vaspurakan en Royaume en 908 portait ombrage au roi d'Arménie qui se voyait ainsi contester son titre de « roi des rois ». Vingt ans avant l'accession au trône d'Abas, les rapports s'étaient singulièrement tendus avec l'affaire de la citadelle d'Amiwk[4], sans aller cependant jusqu'à l'affrontement armé. Ultérieurement la situation s'améliora, non sans une certaine méfiance mutuelle.

---

[1] GROUSSET, *Arménie*, 441, 473; KIRZIOĞLU, *Kars*, 226-301.

[2] Širakavan se trouve sur la rive droite de l'Axurean (= Arpa çay) au nord d'Ani; le village porte aujourd'hui le nom de Başşüregel. L'église du Saint-Sauveur fondée par Smbat Iᵉʳ, *circa* 893, est aujourd'hui très ruinée.

[3] C'est en 885 que le prince des princes, Ašot le Grand, reçut la couronne royale des mains de l'ostikan (gouverneur arabe) Isa, au nom du calife al-Mu'tamid (Cf. JEAN CATH. (trad.), 124-5; ETIENNE TAR. (trad.), II, 107; SAMUEL ANI (trad.), 429). Ces dispositions furent confirmées par l'empereur Basile Iᵉʳ, qui lui fit parvenir aussi une couronne (Kirakos Ganjakec'i, *DHA*, 42).

[4] *Circa* 905, Gagik s'étant emparé de cette forteresse (cf. THIERRY (M.), «Notes de Géographie Historiques sur le Vaspurakan», *Revue des Études Byzantines*, XXXIV, 165-6) alors aux mains des Arabes Othmanides, en confia le gouvernement à un de ses vassaux qui le trahit en remettant la place au roi Smbat Iᵉʳ. Gagik dut racheter Amiwk pour une somme énorme (THOMAS ARDZ. (trad.), 227).

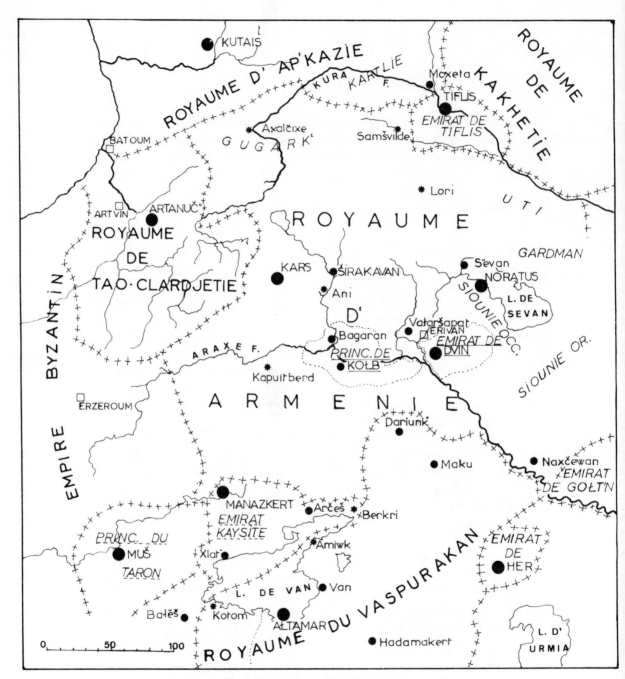

Fig. 1. L'Arménie au début du Xe siècle.

b) La lutte pour l'hégémonie des confins arméno-géorgiens entre les royaumes d'Arménie, d'Apkhazie et de Tao-Clardjétie passait par des phases de tension alternant avec des périodes de paix, plus ou moins durables. Abas épousa la fille du roi Giorgi II d'Apkhazie [5], ce qui n'empêcha pas une forte armée apkhaze de menacer Kars, comme il sera dit *infra*. D'autre part, après des années de querelles (souvent sur de piètres questions de préséance), la paix s'était établie entre Tao-Clardjétie et Arménie [6], sous le curopalate puis roi Adernase II ; ce fut ce dernier qui couronna roi d'Arménie Ašot II en 915 [7].

c) Le roi d'Arménie, Abas, était théoriquement vassal du calife de Bagdad, mais en fait, il était pratiquement indépendant. Cette liberté tenait autant à la décadence califale, à la dispersion et aux querelles intestines des émirats arabes qu'à la puissance renaissante de l'empire byzantin. Les irruptions arabes au Xe siècle en Arménie, quand elles se produisaient, n'avaient plus le caractère de campagnes organisées, mais plutôt celui d'expéditions de pillage [8].

d) Les rapports avec Byzance étaient plus ambigus. Depuis le voyage triomphal d'Ašot II à Constantinople, en 920, une solide alliance arméno-grecque s'était nouée et la présence d'officiers grecs dans l'entourage du roi a sans doute ouvert l'Arménie à l'influence culturelle byzantine [9]. Abas ne fit que continuer la politique de son frère, laquelle s'appuyait sur la couverture militaire byzantine ou plus exactement sur la menace que l'armée grecque rénovée faisait peser sur le monde arabe. Un autre événement fut capital pour le développement et le renouvellement culturel de cette époque. Tandis que l'accord politique entre les Arméniens et les Grecs était sans nuage, les choses allaient très mal du point de vue religieux. Un vaste mouvement de persécution se répandait en Asie Mineure byzantine et dans les royaumes de Géorgie (notamment en Apkhazie) contre le grégorianisme [10]. Or les communautés arméniennes étaient nombreuses dans ces territoires [11]. Ceux qui ne voulaient pas apostasier durent s'enfuir. Les prêtres chassés fondèrent un peu partout en Arménie des couvents selon la règle de saint Basile. Ils contribuèrent, comme le pense R. Grousset [12], à la renaissance

---

[5] BROSSET, *Add.*, 175.

[6] Vers 943, selon ETIENNE TAR. (trad.), II, 28.

[7] JEAN CATH. (trad.), 239.

[8] Abas, surpris par une telle invasion, dut se réfugier en Apkhazie et n'aurait dû son salut qu'à la promptitude des secours dépêchés par le roi Gagik du Vaspurakan qui semble ainsi avoir pardonné au fils la mauvaise action du père dans l'affaire d'Amiwk (THOMAS ARDZ. (trad.), 241-2).

[9] GROUSSET, *Arménie*, 444-6.

[10] On sait que les Arméniens grégoriens s'opposaient aux Orthodoxes grecs et géorgiens sur de nombreux points de dogme et en particulier sur la nature du Christ. Les premiers, étant monophysites, n'admettaient qu'une seule nature dans le Christ et les seconds, depuis le concile de Chalcédoine, soutenaient qu'il y en avait deux, une divine et une humaine en un seul Être.

[11] KIRAKOS GANJAK (trad.), 44.

[12] GROUSSET, *Arménie*, 468.

artistique arménienne et il faut tenir pour probable qu'inconsciemment ils se firent eux aussi les vecteurs d'une certaine influence byzantine.

Somme toute, Abas connut un règne politiquement et militairement peu mouvementé et ceci explique en grande partie la renaissance artistique que connut son règne. Comme le souligne le chroniqueur Asołik de Taron : « Il donna à l'Arménie la paix et la prospérité ».

2. *Histoire de la Cathédrale des Saints-Apôtres.*

Il ne semble y avoir aucun doute sur la date et les circonstances de fondation de l'église grâce au témoignage concordant de plusieurs chroniqueurs arméniens. Etienne Asołik de Taron (Asołik Taronec'i), presque contemporain de l'événement[13], le décrit en ces termes : « *Le roi* (Abas) *avait... construit la sainte Cathédrale de la ville de Kars avec des piliers de pierre*[14], *avec des pierres dures, polies par des instruments d'acier, surmontée d'une coupole arrondie, enrichie de magnifiques ornements, qui la rendaient pareille au Ciel*[15] ». Samuel d'Ani, historien du XIIIe siècle[16], dit de son côté : « *En 932, construction de la Cathédrale de Kars. Abas, fils de Smbat, construit une cathédrale d'admirable architecture, résidence de la divinité. De son temps, paix complète en Arménie ; les voleurs dangereux disparaissent* ». Enfin Mxit'ar d'Ayrivank', dans sa *Chronographie*, signale que « *le roi Abas construit la cathédrale de Kars en 931* ».

La construction aurait duré sept ans d'après M. Brosset[17] et 13 ans d'après F. Macler[18]. A la consécration survint un étrange incident. Une armée apkhaze, commandée par un certain Bêr[19], vint camper sur la rive Nord de la Kura[20]. Il envoya un émissaire au roi Abas, le sommant de consacrer l'église des Saints-Apôtres selon le rite chalcédonien et non selon le rite grégorien. C'était un *casus belli*. L'armée arménienne se réunit en hâte, marcha vers le Nord, bouscula les troupes apkhazes, pourchassa les fuyards et s'empara de l'orgueilleux Bêr. Celui-ci fut conduit devant l'église et Abas lui dit : « *Regarde cette magnifique*

---

[13] Etienne Asołik de Taron, historien tout dévoué à la dynastie des Bagratides, vécut dans la seconde moitié du Xe siècle (ETIENNE TAR. (trad.), II, CIII-CVIII).

[14] Macler, dans sa traduction, parle de « colonnes (stèles) en pierres », mais il n'y a pas de colonne dans l'église et seulement des piliers engagés.

[15] La formule est un cliché passe-partout des chroniqueurs arméniens. Ici elle prend une résonnance particulière car les magnifiques ornements sont, à n'en pas douter, les sculptures des apôtres, image de l'Ascension (cf. *infra*).

[16] SAMUEL ANI (trad.), 435-7.

[17] BROSSET, *Add.*, 171.

[18] Entre 930 et 943, date présumée de la campagne de Bêr (ETIENNE TAR. (trad.), II, 28, n. 3).

[19] Etienne de Taron qui signale le fait (*Ibid.*, 26-8) donne à Bêr le titre de roi, mais celui-ci est inconnu des listes géorgiennes (BROSSET, *Add.*, 172-3).

[20] Ce fleuve qui se dirige d'ouest en est, à 60 km à vol d'oiseau au nord de Kars, s'unit, après un long trajet en Géorgie, à l'Araxe.

église car tu ne la verras plus!» et il lui fit crever les yeux[21]. Bêr fut racheté par le roi des Apkhazes et la paix fut confirmée par serment entre les deux souverains.

Il n'est plus parlé ultérieurement, dans les chroniques arméniennes, de l'église de Kars. La région de Kars, le Vanand, fut érigée en royaume en 961[22], mais les informations sur ce royaume sont réduites et de médiocre intérêt archéologique.

En 1054/5, le chef Seltchouk, Ibrahim Inal s'empara de la basse ville dont il massacra les habitants, pilla et brûla les maisons, mais se replia rapidement sans attaquer la citadelle[23]. Le dernier roi de Vanand, Gagik Abas, jugea plus prudent de céder son petit royaume aux Byzantins en 1064[24], en échange du fief de Tzamentav, en Cappadoce. Quelques mois à peine après, la ville était enlevée aux Byzantins par les Turcs[25].

La reconquête géorgienne ne semble pas avoir entraîné de modification de l'église, en dépit d'une restauration importante des murailles de la ville, en 1234[26].

En 1579, Mustafa Paşa, commandant l'armée du Sultan Murat III, s'établit à Kars où il fit, à côté d'importantes constructions militaires, des travaux d'urbanisme considérables[27]. L'église, probablement abandonnée, était à moitié enterrée. Elle fut dégagée et convertie en mosquée[28]. Evliya Çelebi[29] signale parmi les mosquées de Kars celle nommée Suleyman efendi Cami, «*mosquée charmante glorieuse et pleine de lumière, autrefois église*» et qui n'est autre que la cathédrale. Toutefois l'usage local la nommera plus volontiers Kümbet Cami d'après sa forme[30].

En 1877, dès la prise de Kars par les troupes russes, la cathédrale des Saints-Apôtres fut reconvertie en église, mais cette fois orthodoxe, pour les besoins des fonctionnaires et des militaires. A cette occasion elle subit une série de modifications malheureuses : édification de portiques à l'Ouest, au Nord et au Sud devant chaque porte, édification d'une sorte de sacristie occupant toute la façade

---

[21] ÉTIENNE TAR. (trad.), II, 28. Selon un autre témoignage (MKHITAR D'AYRIVANK, XIIIe siècle, *Histoire Chronologique*, trad. M. Brosset, St-Pétersbourg, 1869, 88) Abas le fit tuer «*et fit monter son crâne en or pour boire du vin*».

[22] ÉTIENNE TAR. (trad.), II, 39.

[23] CEDRENOS, II, 606; ARISTAKES LAST. (trad.), 74-5.

[24] MATTHIEU D'EDESSE, *Chronique*, trad. Dulaurier, Paris, 1858, 125-6.

[25] Selon la tradition locale, les Byzantins auraient eu le temps de construire une église chalcédonienne, encore debout aujourd'hui, Beşik cami (cf. THIERRY, *Kars*, I, 74).

[26] SARGISEAN, *Voyage*, 103-4; ORBELI, *op. cit.*, 469-73.

[27] Cf. dans PITTON DE TOURNEFORT, *Relation d'un Voyage du Levant*, Lyon, 1717, III, 148, une gravure montrant l'aspect de la ville au XVIIe siècle.

[28] L'environnement de l'église après ces travaux apparaît dans quelques miniatures turques (cf. ATASOY (N.), «Türk Miniatüründe Tarihî Gerçekler 1579da Kars» (Réalisme historique dans les miniatures turques Kars 1579), *Sanat Tarihi Araştirmalari* (Recherches d'Histoire de l'Art), I, 103-9).

[29] EVLIYA, II, 332.

[30] C'est-à-dire, en turc, *la mosquée avec tambour à coupole*.

orientale et ouverte dans l'église par percement des absidioles. A l'intérieur, on construisit une iconostase en pierres et on peignit les parois d'un badigeon jaune verdâtre sur lequel on peut encore lire, à la base de la coupole, des inscriptions dorées en caractères cyrilliques.

En 1918, dès la prise de la ville, les Turcs rendirent la cathédrale au culte musulman, mais l'administration kemaliste laïque mit en vente, pour des sommes dérisoires, tous les biens religieux et la municipalité de Kars qui l'avait acquise, faillit la démolir pour édifier une école[31].

Quand nous l'avons visitée pour la première fois en 1956, lors d'un passage que la police rendit fort bref, l'église servait de dépôt municipal d'essence et était dans un état lamentable. Plus tard elle a été transformée en musée et son conservateur en prenait, apparemment, grand soin.

---

[31] KIRZIOĞLU, *Kars*, 284-5, n. 160. L'auteur affirme que c'est grâce à lui (alors qu'il faisait, dans la région, son service militaire) qu'il fut sursis à la destruction du monument.

CHAPITRE II

ARCHITECTURE DESCRIPTIVE

La cathédrale de Kars[1] se définit comme une église à coupole, carrée tétra-conque[2] (fig. 2). Avant d'en étudier successivement tous les éléments constitutifs, nous devons insister sur deux points importants :

a) D'abord, le plan de l'église apparaît clairement de l'extérieur comme de l'intérieur, ce qui n'est pas conforme aux tendances conceptuelles de l'architecture arménienne (Pl. I, II). En effet, tous les auteurs ont remarqué le souci des architectes arméniens à unifier, à simplifier les surfaces des murs extérieurs[3] pour obtenir un périmètre quadrilatère autour d'un noyau de plan central.

D'autre part, l'architecture de Kars n'a pas obéi à la tendance, habituelle en Transcaucasie, de cloisonner les églises[4]. Il n'existe ici aucune segmentation par piliers engagés. Sauf pour ce qui est des absidioles, tout l'intérieur du monument est visible et la structure évidente.

b) Ensuite, il nous est apparu, à la levée du plan, qu'il existait de nombreuses irrégularités : les angles sont inégaux ; les conques toutes inégales en profondeur et en largeur, leur incurvation ne se fait pas selon une courbe régulière mais par une structure polygonale plus ou moins nette. A l'extérieur les pans des absides sont irréguliers en dimensions et en angulation. Les écarts sont certes minimes et peuvent mal apparaître sur le plan ; ils n'en existent pas moins et traduisent, semble-t-il, le manque de formation et de pratique de l'architecte, ce qui ne saurait étonner en ce début du Xe siècle, après deux cents ans de contrainte musulmane[5].

Voyons maintenant l'analyse architecturale de l'église (fig. 3). La coupole, par l'intermédiaire d'un tambour, repose sur un carré dont les quatre côtés sont creusés d'exèdres, les conques.

1. Le carré saille extérieurement entre les conques, les débordant de chaque côté d'environ trois mètres. A l'intérieur, il est représenté par quatre dièdres

---

[1] Comme nous l'avons dit, il n'y a pas de travail archéologique valable sur le monument. On consultera sans guère de profit TEXIER (Ch.), *Description de l'Arménie la Perse et la Méso-potamie*, Paris, 1842, I, 86-90 ; SARGISEAN, *Voyage*, 102-3 ; LYNCH, I, 407 ; STRZYGOWSKI, *Baukunst*, 80. Beaucoup d'archéologues et de compilateurs l'ont décrit sans l'avoir vu (ALIŠAN, *Ayrarat*, 78-80 ; EPʿRIKEAN, II, 336-52 ; ČUBINAŠVILI, *Recherches*, 139-52).

[2] Cette dénomination due à A. Khatchatrian nous paraît claire et mérite d'être généralisée (KHATCHATRIAN (A.), « L'architecture arménienne d'après N. Tokarski », *RÉArm*, II, 235).

[3] KHATCHATRIAN, *ArchArm*, 51.

[4] Cf. BALTRUŠAITIS (J.), *Études sur l'art médiéval en Géorgie et en Arménie*, Paris, 1929, 81.

[5] Un autre exemple caractéristique des hésitations et de la maladresse des architectes au début du Xe siècle se trouve à Saint-Georges de Goms (THIERRY, *Monastères VI*, *RÉArm*, IX, 156-64).

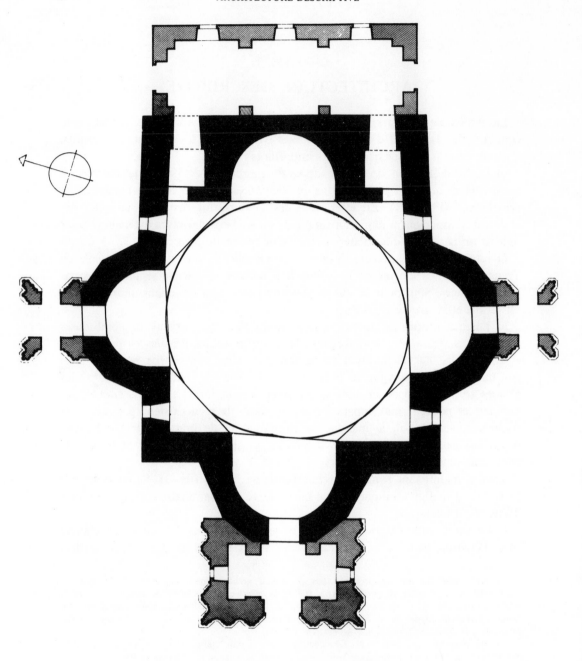

0   1   5   10 m

Fig. 2. Cathédrale des Saints-Apôtres de Kars. Plan (M. Dupin).

Fig. 3. Cathédrale des Saints-Apôtres de Kars. Coupe schématique est-ouest.

droits qui se terminent en haut par une coquille dont le bord forme une véritable trompe (Pl. II, 4).

2. Les conques sont, à l'extérieur, pentagonales, mais les pans en sont irréguliers en dimension et en obliquité (sans compter les erreurs signalées plus haut) : les pans proximaux sont légèrement convergents ; comme le pan distal, ils sont plus larges que les pans intermédiaires. A l'intérieur les conques sont demi-circulaires (compte tenu des réserves exprimées *supra*) et s'ouvrent dans la nef par un arc plein-cintre appuyé sur des piliers (noyés dans les murs) par l'intermédiaire de chapiteaux impostes moulurés. La conque Ouest est plus profonde que les autres car précédée d'un court bras.

La conque Est, c'est-à-dire l'abside centrale, est flanquée de deux absidioles donnant dans la nef par une porte basse et étroite. Elles sont voûtées plein-cintre. Leur fond a été éventré pour donner accès dans la sacristie moderne, de sorte qu'on ne peut savoir si ce fond était plat ou concave. Le mur oriental des absidioles est en continuité avec celui de la conque orientale qui n'apparaît donc pentagonale qu'au-dessus des absidioles (Pl. II, 1).

On sait que le rôle des conques est discuté dans l'architecture arménienne. Selon Strzygowski, elles servent à contrebuter la poussée de la coupole[6]. Mais par l'étude de la résistance des matériaux on a pu démontrer[7] que le mode de construction de la plupart des monuments arméniens rendent cette précaution inutile. En effet, la coupole bétonnée transmet sa charge dans le béton des murs avec un minimum de pression latérale. Les exèdres peuvent donc apparaître, soit comme un accessoire gratuit maintenu là par tradition[8], soit comme un moyen de rendre la nef plus spacieuse.

3. Le tambour s'appuie sur huit arcs plein-cintre, les quatre arcs des conques et les quatre arcs des trompes surmontant les dièdres du carré central (Pl. II, 3).

Il s'élève, circulaire à l'extérieur, comme à l'intérieur. Il est surmonté d'une coupole hemisphérique d'une portée d'environ 11 m qui est coiffée d'un cône surbaissé. L'ensemble du monument mesure environ 20 m de haut.

4. Il y a trois portes d'entrée à la cathédrale (Nord, Sud, Ouest). On ne peut se rendre compte de leur forme et de leur décor car elles ont été, en 1877, munies d'un porche en lave noire, imitant maladroitement le style arménien. Ce sont, au Nord et au Sud, deux tétrapyles à arcatures et, à l'Ouest, une sorte de narthex voûté en berceau transversal avec deux arcs doubleaux[9].

5. Les fenêtres ont presque toutes la même forme : hautes et étroites au bord supérieur évidé en demi-cercle, elles sont pratiquement sans ébrasement intérieur. L'éclairage de la nef était copieusement assuré par 12 fenêtres ouvertes à la base du tambour et par quatre fenêtres absidales. De plus, le carré central est creusé de deux fenêtres de part et d'autre des conques Nord et Sud.

On remarque enfin quatre *oculus* répartis deux à deux de part et d'autre des conques orientale et occidentale. Le fenestrage est, comme nous le verrons, enrichi d'un décor sculpté, à quelques exceptions près.

6. La couverture des conques et des angles du carré central est en pente douce, mais on ne peut apprécier sa nature car elle est recouverte d'herbes et de mousse.

---

[6] STRZYGOWSKI, *Baukunst*, 70-4 leur donne le nom de *Strebenischen*.

[7] KHATCHATRIAN, *Arch IV-VI*, 26-7.

[8] Les monuments à coupole qui étaient montés sans béton avaient, par contre, besoin de ces appuis.

[9] Il ne nous a pas été possible de déterminer si la porte nord avait été percée secondairement. Nous ne pouvons donc affirmer qu'il y ait eu deux ou trois portes.

Le cône est recouvert de tuiles romaines encore en très bon état, ce qui suggère une restauration relativement récente ou un entretien soigneux.

Toutes les couvertures débordent les murs par une corniche dont nous parlerons plus loin.

7. Le mode de construction est du type habituel en cette région et à cette époque : une âme de béton entre deux parements de tuf. La parfaite conservation des parements empêchent de se rendre compte de l'épaisseur relative des éléments constitutifs.

Comme nous l'avons dit plus haut, l'église a subi d'évidentes et importantes modifications en 1877 du fait de l'adaptation au rite russe. Mais n'a-t-elle pas été remaniée antérieurement? Il est difficile de se prononcer sans sondage des murs, mais l'absence de décor sculpté sur les arcs des fenêtres septentrionales, la découverte d'arcs réemployés dans les maisons voisines, l'absence de figure sur les écoinçons des arcs intérieurs du côté oriental[10] suggèrent des destructions assez importantes suivies de restaurations économiques, à moins que ces restaurations aient été voulues vierges de décor[11].

Il est d'autre part possible, mais nullement certain, que les absidioles orientales aient été ajoutées secondairement[12]; nous n'avons trouvé sur place aucun élément susceptible d'étayer cette hypothèse.

---

[10] Cf. *infra*, p. 53.

[11] Ce pourrait être alors l'œuvre de Mustafa Paşa lorsqu'il fit restaurer la cathédrale en 1579 pour en faire une mosquée.

[12] L'hypothèse se fonde sur l'analogie avec l'église de Mastara qui est du même type (cf. *infra*, p. 12) et que STRZYGOWSKI, *Baukunst*, 76, considérait, sans preuve, comme ayant primitivement été démunie d'annexes. Dans une lettre que G. Č'ubinašvili nous a adressée en 1969, le savant géorgien était de cet avis.

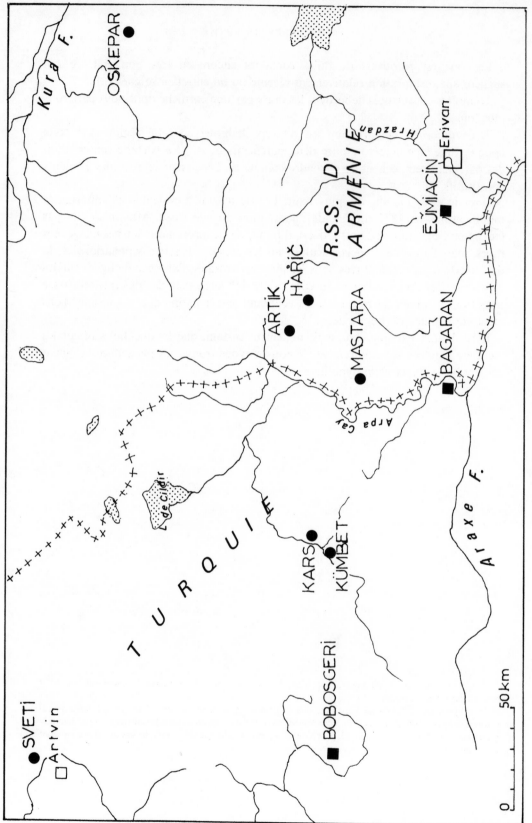

Fig. 4. Carte des églises carrées tétraconques.

CHAPITRE III

ÉTUDE TYPOLOGIQUE

Ce plan de carré tétraconque se rencontre dans d'autres monuments qu'à Kars : à Mastara (église Saint-Jean-Baptiste), à Art'ik (église Saint-Serge), au couvent de Harič (église Saint-Grégoire), à Kümbet kilise, à Oskepar et à Sveti (fig. 4).

Nous allons brièvement donner les principales caractéristiques de ces monuments dans ce qui les rapprochent ou, au contraire, les éloignent de la Cathédrale des Saints-Apôtres de Kars, en réservant pour un chapitre ultérieur l'analyse comparative des sculptures décoratives.

1. *L'église Saint-Jean-Baptiste de Mastara*[1] (fig. 5, Pl. III, 1).

Le plan de l'église Saint-Jean-Baptiste de Mastara est très voisin de celui des Saints-Apôtres de Kars et le système de soutien du tambour est identique. Le fenestrage est le même, sauf qu'il n'y a pas d'oculus. Les différences apparaissent avec les ouvertures : il n'y a que deux portes, l'une au Sud, l'autre à l'Ouest. Mais ce qui frappe surtout c'est l'aspect du tambour qui se présente, en coupe, comme un octogone irrégulier, avec quatre pans larges aux points cardinaux et quatre pans étroits correspondant aux angles du carré central, chacun des pans est séparé de son voisin par une niche en dièdre (Pl. III, 1).

Selon Strzygowski (et à sa suite, la plupart des auteurs arméniens), il faudrait dater ce monument de la seconde moitié du VIIe siècle sur l'argument suivant : il existe plusieurs inscriptions, non datées, qui signalent que l'église a été construite par un certain Grigoras, du temps de Ter T'ēodoros, évêque des Gnunik'. Or on connaît un évêque des Gnunik', du nom de T'ēodoros, qui participa au concile de Dvin, *circa* 645 ; en outre, la consonnance grecque du nom du constructeur donne à penser que l'édification a eu lieu après la conquête d'Heraclius (632). Cependant cette démonstration, apparemment logique, a été critiquée. D'après la paléographie, l'inscription ne serait pas antérieure au Xe siècle (Orbeli, Č'ubinašvili) et la référence à un évêque d'une région aussi lointaine que les Gnunik'[2] paraît suspecte. Č'ubinašvili n'hésite pas à dater le monument du Xe, voire du XIe siècle. Cependant, l'analyse du décor sculpté est en faveur de la première hypothèse ;

---

[1] Le bourg de Mastara est situé sur le flanc occidental du Mont Aragac (Carte n° 4). Pour une description du monument cf. ALIŠAN, *Ayrarat*, 134 ; T'ORAMANYAN, *Matériaux*, I, 121, 137, 164 ; STRZYGOWSKI, *Baukunst*, 44-6, 74-6 ; TOKARSKI, *Arch Arm*, 115-6, 120-1 ; BRECCIA FRATADOCCHI (Th.), « La Catedrale di S. Giovanni a Mastara », *CorsiRav*, XX, 179-93 ; Č'UBINAŠVILI, *Recherches*, 189.

[2] Fief de la famille des Gnunis situé à la corne nord-est du lac de Van (cf. EP'RIKEAN, I, 542).

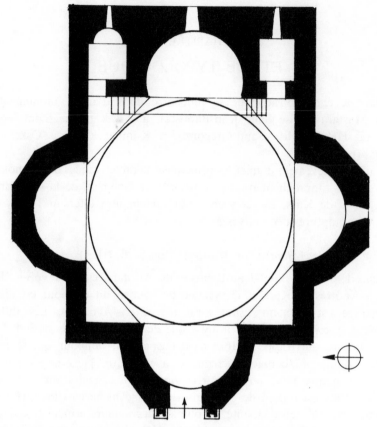

Fig. 5. Saint-Jean de Mastara. Plan (d'après Strzygowski).

nous tenons pour hautement probable que l'église Saint-Jean de Mastara ait été édifiée dans la seconde moitié du VIIᵉ siècle.

2. *L'église Saint-Serge d'Art'ik* [3] (fig. 6, Pl. III, 2).

Le plan de cette église, partiellement détruite, s'écarte quelque peu de celui de Kars : l'extérieur de l'abside Nord est arrondi. Le chevet est différent; en effet, l'abside principale est en retrait sur les absidioles et elle est percée de trois fenêtres. A l'intérieur, les angles dièdres du carré central sont délimités, entre chaque conque, par des colonnes engagées. Il n'y avait que deux portes (Sud et

---

[3] Art'ik est situé au nord-ouest de l'Aragac (Carte n° 4). Description et analyse du monument dans ALIŠAN, *Širak*, 164; T ORAMANYAN, *Matériaux*, I, 294-5, II, 120-2, 200-1, 207-8; STRZYGOWSKI, *Baukunst*, 76-8, 434, 441, 499-500, 666-7; TOKARSKI, *ArchArm*, 113-6, 120-1; Č·UBINAŠVILI, *Recherches*, 136-41, 192-3.

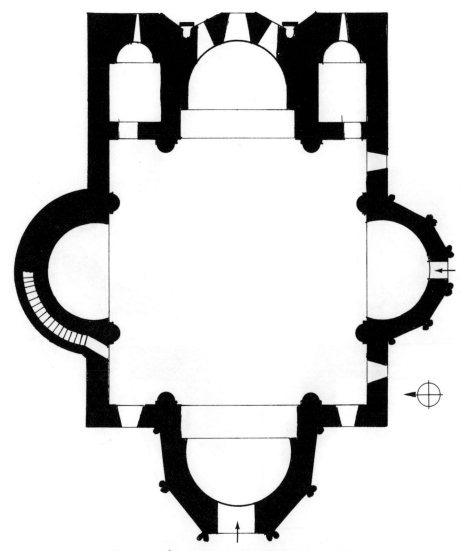

Fig. 6. Saint-Serge d'Art'ik. Plan (d'après Strzygowski).

Ouest). On ne peut rien dire du tambour et de la coupole écroulés depuis très longtemps. Cette coupole était la plus vaste des églises de ce type.

La date de construction est inconnue. Les inscriptions, qui sont du XIIIe siècle, concernent des donations. Pour la plupart des auteurs arméniens, l'église est du VIIe siècle d'après le style. G. Č'ubinašvili, quant à lui, y voit une réplique de Mastara et la rejette au Xe siècle au plus tôt. Nous partageons l'opinion des premiers en nous fondant sur l'analyse du décor sculpté et nous avons constaté,

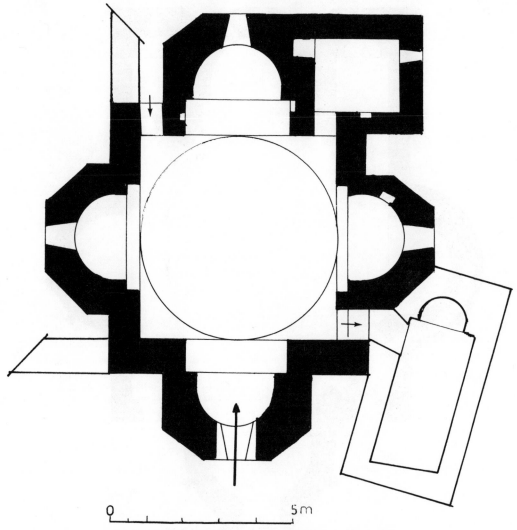

Fig. 7. Saint-Grégoire d'Haričavank'. Plan (d'après Č'ubinašvili).

de ce point de vue les rapports étroits entre ce décor et celui de la cathédrale de T'alin. Le triple fenestrage de l'abside pourrait préciser la date de construction. Selon A. B. Eremyan[4] cette façon de faire trahirait une influence byzantine qui n'a pu s'exercer que pendant l'occupation de la région par les armées byzantines (632-698), ce qui nous paraît tout à fait plausible.

[4] EREMYAN (A. B.), «Sur certaines modifications subies par les monuments arméniens au VIIe siècle», *RÉArm*, VIII, 251-66.

3. *L'église Saint-Grégoire du couvent de Hařič*[5] (fig. 7, Pl. III, 3).

Edifice nettement plus petit que la Cathédrale de Kars, il n'a qu'une absidiole orientale (au Sud de l'abside principale). Le tambour qui est moderne[6] repose sur les arcs par l'intermédiaire de pendentifs.

La datation est discutable. Le décor sculpté est trop pauvre pour être significatif; il se résume en une corniche de vannerie (d'un style beaucoup plus proche des formes du XIe siècle que de celles du VIIe) et d'un rinceau de raisin et de feuillage sans équivalent à l'époque pré-arabe. Il existe plusieurs inscriptions. L'une d'elles, non datée, nous apprend que le monument a été construit par un certain Sargis Čon. Pour Mxit'arean[7], appuyé par M. Brosset, il s'agirait du supérieur du couvent d'Horomos, Sargis, évoqué dans une inscription de 985 trouvée dans l'église du village de Xôšavank'[8]. Le monument serait donc de la seconde moitié du Xe siècle, conclusion à laquelle aboutit également G. Č'ubinašvili en se fondant sur le style. Pour la plupart des auteurs arméniens, le fondateur Sargis Čon ne serait autre que Sargis Čoneanc', personnage signalé par l'historien Vardan[9], comme ayant transporté en secret chez des «étrangers» une célèbre croix, nommée plus tard Croix de Vardzia, laquelle aurait guéri miraculeusement la reine de Géorgie, épouse de Démètre. La date n'est pas donnée mais, d'après le contexte, on a l'impression que tout ceci se passerait au temps où le catholicos Nersēs III était dans le Tayk (653-659). Malheureusement il n'y a pas, à cette époque, de roi de Géorgie du nom de Démètre. Il est donc vraisemblable, car la chronologie de Vardan n'est pas toujours très rigoureuse, que les trois événements (séjour de Nersēs III au Tayk, transfert de la Croix et guérison miraculeuse) ne sont pas contemporains. Le Démètre en question pourrait être un des fondateurs de Džvari *circa* 600[10] mais aussi Démètre Ier, roi de Géorgie entre 1125 et 1156; ces hypothèses ne permettent pas pour autant de dater l'église de Sargis Čon.

---

[5] Ou Hařičavank'. Couvent situé sur les pentes nord-ouest de l'Aragac (Carte n° 4). Description et analyse dans BROSSET (M.), *Les Ruines d'Ani, capitale des Bagratides au Xe et au XIe siècle*, St-Pétersbourg, 1860-1861, 68-91; *Inscriptions et notes sur le couvent d'Hařič*, Alexandropol, 1910 (en arménien); ALIŠAN, *AyraZat*, 157-64; T'ORAMANYAN, *Matériaux*, I, 206, 280; STRZYGOWSKI, *Baukunst*, 79; Č'UBINASVILI, *Recherches*, 141; H. EŁIAZARYAN, «Hařiča vankə ew nra vimagrut'yunnerə (Le couvent d'Hařič. Ses inscriptions)», *Ējmiacin*, 1956, VIII-IX, 79-85; 1957, I, 57-63.

[6] Il y a eu de nombreuses restaurations. Le tambour a été refait *circa* 1700 dans le cadre de la fortification du couvent (BROSSET, *Ani, op. cit.* (note 5), 74-5, 88).

[7] MXIT'AREAN (A.), *Histoire et Description du couvent d'Hařič*, Tiflis, 1856 (en arménien; trad. Brosset dans *Ani, op. cit.*, 68-91), 14-5, 84-90.

[8] ALIŠAN, *Širak*, 168-9; MANUC'ARYAN (A.), «Karmirvank'i arjanagrut'yunə (l'inscription de Karmirvank')», *Patma-Banasirakan Handēs*, Erivan, 1967, I, 154-5.

[9] MUYLDERMANS (J.), *La Domination arabe en Arménie*, extrait de *l'Histoire Universelle de Vardan*, Louvain-Paris, 1927, 91.

[10] L'hypate Demetre était le frère du roi Step'anos Ier, mais non roi lui-même (cf. BROSSET (M.), *Histoire de la Géorgie depuis l'Antiquité jusqu'au XIXe siècle*, St-Pétersbourg, 1849, I, 224, 259, n. 6).

Une inscription de 1191, signalant une donation, nous donne le *terminus ante quem*. La pauvreté du décor sculpté et la présence de pendentifs invitent à penser que l'édifice est postérieur au VIIe siècle et date plus probablement du Xe ou du XIe siècle.

4. *Kümbet Kilise*[11] (fig. 8, Pl. III, 4).

Ce monument, isolé sur le plateau à l'Ouest de Kars, est beaucoup plus petit que la Cathédrale des Saints-Apôtres. Les différences en plan sont également importantes. Les conques sont petites et raccordées au carré central par une voûte plein-cintre. La jonction entre les absides et les angles du carré se fait selon un angle dièdre obtus dans lequel monte une colonnette engagée. Les arcs reposent sur ce système par des impostes moulurées. Il n'y a pas d'absidioles orientales flanquant l'abside principale. Enfin le périmètre extérieur des exèdres est rectangulaire. Les fenêtres, comme à Kars, s'ouvrent dans les conques et au Nord et au Sud sur le carré central, mais il n'y a qu'une seule porte (à l'Ouest). Les fonds des trompes d'angle sont ornés, comme à Kars, de figures qui sont ici facilement identifiées comme les animaux symboles des évangélistes.

Il n'existe aucun renseignement historique sur cette église dont le revêtement, ayant presqu'entièrement disparu, ne porte pas d'inscription. D'après l'analyse des éléments architectoniques et de la sculpture décorative ou figurée, nous pensons pouvoir la dater du Xe siècle et avions envisagé dans un précédent travail qu'elle pouvait avoir été construite à l'imitation de l'église des Saints-Apôtres. Il ne serait pas surprenant qu'elle ait été édifiée quand la région de Kars, le Vanand, fut érigée en royaume (961).

5. *L'église d'Oskepar*[12] (fig. 9, 10, Pl. IV, 1).

C'est également une petite église. Mais même en dehors de toute considération de rapport de volume, les différences avec la Cathédrale de Kars sont notables.

---

[11] Église isolée (le village a été totalement détruit) située à 13 km à vol d'oiseau au sud-ouest de Kars (cf. carte *Harita Umum Müdürlügü*, feuille B-XV). Signalée par SARGISEAN, *Voyage*, 105, sous le nom de Giwmpēt'. Pour la description cf. THIERRY, *Kars I*, *RÉArm*, III, 74-8, pl. XXXII-XXXVI.

[12] Ou Oskep'aï (prononcé Voskepar et souvent écrit ainsi chez les Occidentaux). L'église est située au nord de la RSS d'Arménie, à 20 km au sud de la ville de Noemberyan. Pour description et analyse cf. TER AVETISYAN (S. V.), «Zametka o Voskepare i Kiranc'e (Notes sur Oskepar et Kiranc')», *Materialy po Istorii Gruzii i Kavkaze* (Matériaux pour l'Histoire de la Géorgie et du Caucase), Tiflis, 1937, fasc. VII, 507-11; TER AVETISYAN (S. V.), «Xram Voskepar (Le temple de Vospkepar)», *Byulleteny Kavkazkogo Istoriko-Arxeologiceskogo Instituta* (Bulletin de l'Institut historique et archéologique du Caucase), n° 3 (1928), n° 5 (1929); TOKARSKI, *ArchArm*, 116-7; ČEBLEKIN (I. P.), *L'archéologie de l'Azerbaijan à l'époque féodale*, Baku-Moscou, 1947, 40 (en russe); Č'UBINAŠVILI, *Recherches*, 149-50 (cf. la critique de JAKOBSON dans *RÉArm*, V, 472); CUNEO, *Pianta cent.*, 252.

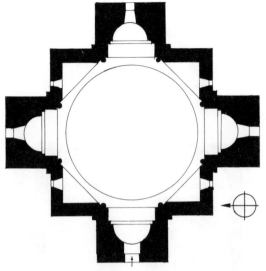

Fig. 8. Kümbet kilise. Plan (M. Dupin).

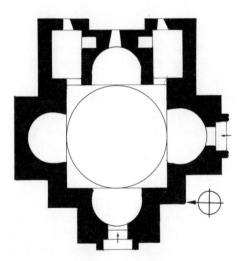

Fig. 9. Église d'Oskepar. Plan (d'après Č'ubinašvili).

En plan les absides sont profondes, chaque conque donnant dans le carré par un court bras (comme à Kümbet kilise) voûté en berceau reposant sur des impostes représentées par une simple moulure. L'abside centrale Est est en retrait sur les deux absidioles dont le chevet est plat. Il existe deux portes, l'une Ouest, l'autre Sud. Chaque abside ou absidiole a une fenêtre. Le périmètre des conques, comme à Kümbet kilise, est rectangulaire.

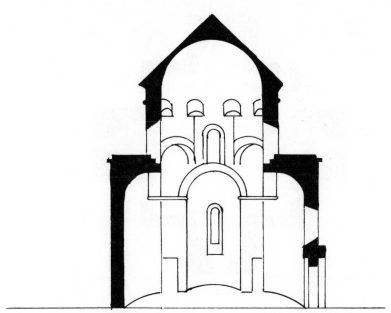

Fig. 10. Église d'Oskepar. Coupe nord-sud (d'après Tokarski).

Ce qui est le plus original dans ce monument, c'est la disposition du tambour. Celui-ci repose sur le carré juste au-dessus du sommet des quatre arcs et légère-ment en retrait. Au-dessus de chaque angle dièdre du carré, une trompe amène à l'octogone sur lequel est posée la coupole.

Faute de preuve historique ou épigraphique, il est difficile de dater ce monument. D'après Jakobson, Tokarski et Cuneo, il est du VIIe siècle (à cause de l'archaïsme de son tambour). D'après Avetisian, il serait du VIIIe ou du IXe siècle. Enfin, d'après Č'eblekin et Č'ubinašvili, il faudrait le descendre au Xe ou au XIe siècle.

En réalité, ce qui frappe c'est l'association d'éléments archaïques et d'autres plus récents, ce qui est fréquent au début du Xe siècle quand les maîtres d'œuvre arméniens, après deux siècles d'obscurantisme, eurent à réapprendre l'art de bâtir et puisèrent largement dans la tradition ancienne. Ainsi les trompes surélevées sont archaïques[13], tandis que les dalles évidées des fenêtres et le périmètre rectangulaire sont des éléments tardifs. De même, du point de vue décoratif, on remarque une palmette qui, sans être rigoureusement identique, ressemble beaucoup à celle qu'on peut voir à Aruǰ (668) et à Zorawor (661-685)[14]. Par contre, la décoration du tambour octogonal avec ses huit arcatures sur pilastre constitué par

[13] Par exemple à Džvari (STRZYGOWSKI, *Baukunst*, 85, fig. 70).
[14] Č'UBINAŠVILI, *Recherches*, fig. 183, 205; TOKARSKI, *ArchArm*, 161, pl. VII, n° 29a.

une double colonnette sous imposte évoque les décors voisins de Kars et surtout de Dolişhana (daté de 954-956)[15]. Dans ces conditions il est toujours difficile de conclure entre un monument du VIIe siècle dont l'architecte aurait été, par certains côtés, un novateur, ou un monument du Xe siècle où l'architecte aurait puisé dans le répertoire ancien. Nous penchons pour la seconde hypothèse.

Il est un argument que nous n'avons pas utilisé, celui du mode de construction. Apparemment l'édifice était (avant sa récente restauration) peu soigné, le revêtement fait de blocs moyens, mal régularisés et mal jointoyés tandis que le parement intérieur était mieux traité. Cette façon de faire se rencontre dans certains monuments du tout début du Xe siècle[16]. Il est devenu maintenant difficile de se prononcer étant donné l'étendue de la restauration.

6. *L'église de Sveti*[17] (fig. 11).

Ce curieux monument, qu'en dépit de plusieurs tentatives nous n'avons pu retrouver, se trouvait à une dizaine de km au nord d'Artvin, haut sur la rive gauche du Çoruh, dans le village de Siveti.

Il s'agit d'une rotonde de plan carré tétraconque, mais qui diffère essentiellement des autres monuments par le fait que le carré est couvert, non par une coupole mais par une voûte plein-cintre surmontée d'un toit en bâtière. Kluge y voyait une innovation dans l'art géorgien, mais nous pensons plutôt que cette couverture est le fruit d'une restauration après écroulement d'une coupole primitive.

Le monument est daté par son inventeur du début du XIe siècle. Une époque antérieure ne nous paraît pas impossible.

On peut tirer, de cette rapide énumération, quelques conclusions :

a) On remarque tout d'abord que, sur les sept monuments du type carré tétraconque, trois sont situés dans le canton du Širak et deux dans le Vanand voisin (Carte n° 4). Ce plan aurait donc été tout spécialement en faveur dans une région très délimitée; l'église de Sveti, en Tao-Clardjetie et celle d'Oskepar, dans le canton de Kołbop'or (Province de Gugark') sont toutes deux aux frontières de la Géorgie historique et apparaissent comme des formes aberrantes du type. Elles s'opposent du reste aux autres monuments par maints détails. Le fait de n'être pas datées contribue encore à rendre leur analyse historique très aléatoire.

---

[15] PAULINOV (A. M.), *MAC*, III, 68, pl. XXXVIII.

[16] Ainsi en est-il en Siounie à Karkopivank', daté de 910 (MNAC'AKANYAN, *Siounie*, 122, fig. 72) et au Vaspurakan, à Saint-Georges de Goms daté *circa* 905 (THIERRY, *Monastères VI*, *RÉArm*, IX, pl. XLVII).

[17] Comtesse UVAROV, *MAC*, III, 61-62, pl. XXV-XXVII; cf. aussi Th. KLUGE, *Versuch einer systematischen Darstellung der Altgeorgischen (grusinischen) Kirchenbauten*, Berlin, 1918, 48; STRZYGOWSKI, *Baukunst*, 758.

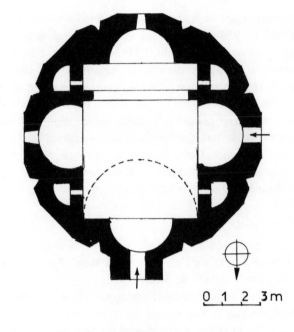

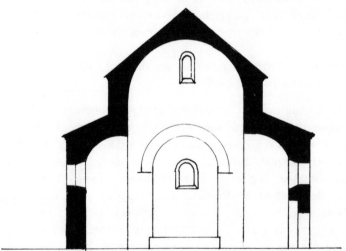

Fig. 11. Église de Sveti. Plan et coupe nord-sud (d'après Uvarov).

b) D'après les datations proposées plus haut, on constate qu'il n'y a que deux monuments qu'on puisse placer, avec une quasi certitude, au VIIe siècle : ce sont les églises de Mastara et d'Art'ik. La datation de la Cathédrale de Kars au début du Xe siècle est indiscutable. Pour les autres, l'hésitation est permise ; nous inclinons à penser que les églises de Kümbet, d'Oskepar et d'Harič sont du Xe siècle, dans la suite de Kars ou à l'imitation de Mastara. Quant à Sveti, nous l'avons cherché en vain à plusieurs reprises. Nous pensons que ce monument est détruit depuis longtemps car aucun des paysans interrogés n'en a gardé le souvenir.

En se plaçant d'un point de vue strictement typologique, il apparaît que la Cathédrale de Kars a été construite selon un plan du VIIe siècle repris par les architectes du roi Abas. Ce fait n'a rien d'unique dans l'histoire de l'art arménien[18] et témoigne d'un tempérament conservateur et traditionaliste d'autant mieux justifié que les conditions politiques et économiques favorables à la renaissance de l'art arménien au début du Xe siècle se heurtaient, par contre, à un grave obstacle, la carence d'une école d'architecture. Pendant les deux siècles de mainmise arabe, aucun travail d'envergure n'avait pu être entrepris, à quelques exceptions près[19]. Tout était à réapprendre, à recréer. Les nouveaux bâtisseurs, loin d'essayer d'innover, décidèrent la plupart du temps de reprendre sagement les types et les thèmes courants au VIIe siècle. L'imitation est souvent telle que, faute de documents historiques péremptoires, on peut hésiter sur la datation de monuments de la fin du IXe ou du début du Xe siècle, qui sont les premiers balbutiements de la renaissance arménienne.

Le petit nombre de monuments en carré tétraconque n'autorise pas à envisager parmi eux une classification qui n'aurait aucun sens. Ni le nombre d'absidioles, ni la forme extérieure des exèdres ne sont significatifs.

Rapport du plan carré tétraconque et des plans centraux voisins

Trois types de monuments arméniens à plan central contractent des rapports plus ou moins étroits avec le carré tétraconque. Ce sont : le carré tétraconque à piliers centraux, les tétraconques à niches d'angle et les tétraconques simples.

A. LES CARRÉS TÉTRACONQUES À PILIERS CENTRAUX

Dans ce type de monument l'appui de la coupole se fait, non par les arcs des exèdres, mais par quatre piliers libres dans le carré (Pl. IV, 4). Beaucoup d'auteurs[20] ne distinguent pas cette forme du carré tétraconque du type Kars-Mastara. Pourtant, elle nous semble, dans sa conception, fondamentalement différente. En effet, dans les églises à piliers centraux, carré d'appui et périmètre

---

[18] Par exemple, selon le témoignage d'Étienne Ašołik de Taron (ÉTIENNE TAR. (trad.) II, 169-70), le roi d'Arménie Gagik Ier entreprit, l'an mille, de construire une église Saint-Grégoire à Ani «*avec la même disposition et selon le même plan*» que l'église de Zvart'noc', monument du VIIe siècle, en ruines à cette époque.

[19] Citons la basilique d'Ôjun, fondée en 735 (STRZYGOWSKI, *Baukunst*, 174) et encore cette date est-elle controversée.

[20] TOKARSKI, *ArchArm*, 115-9 ; CUNEO, *Pianta cent.*, pl. Ic.

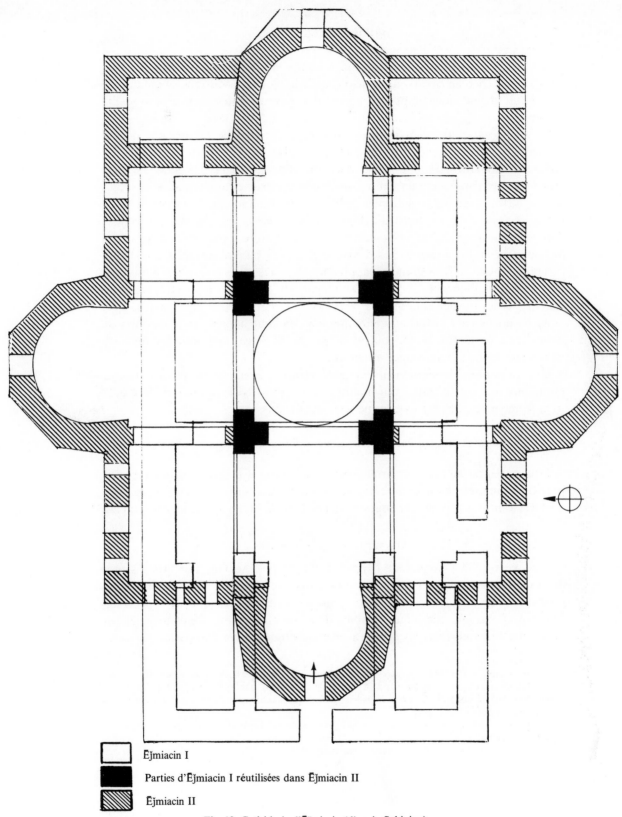

Ėjmiacin I

Parties d'Ėjmiacin I réutilisées dans Ėjmiacin II

Ėjmiacin II

Fig. 12. Cathédrale d'Ėjmiacin (d'après Sahinian).

ne coïncident pas. Il s'en suit qu'il apparaît là une véritable structure cruciforme car, du carré central, partent quatre voûtes en berceau (prolongées par les exèdres) délimitant quatre compartiments d'angle. C'est, sans conteste, un plan de croix inscrite qui est ainsi réalisé[21].

On connaît, en Transcaucasie, quatre exemples de carré tétraconque à piliers centraux : les cathédrales d'Ējmiacin et de Bagaran, les églises de Bobosgeri et Saint-Thaddée.

1. *La Cathédrale d'Ējmiacin* (fig. 12, Pl. IV, 2).

L'église actuelle a subi de nombreux remaniements au cours de sa longue histoire. Sa fondation est attribuée à saint Grégoire l'Illuminateur qui l'aurait édifiée sur les ruines d'un temple païen[22]. Cette église (Ējmiacin I) ayant été rasée par les Perses vers 380, le marzpan (généralissime) des Arméniens, Vahan Mamikonean, profita de circonstances favorables[23] pour reconstruire l'église (Ējmiacin II) entre *circa* 484 et 507 d'après Lazare de P'arpi et quelques autres auteurs[24]. Au VIIe siècle, la cathédrale fut restaurée, vers 618, par le catholicos Komitas[25] et au milieu du siècle par le catholicos Nersēs III[26].

Dans les temps modernes, le bâtiment a subi des modifications et adjonctions (qui en ont grandement altéré l'aspect extérieur) ainsi qu'en font foi des inscriptions et le témoignage d'Aŕakel de Tabriz. C'est ainsi qu'une démolition partielle fut entreprise sous Chah Abbas en 1613/4[27], que le tambour et la coupole ont été refaits par le vardapet Movsēs en 1626[28], que le catholicos adjoignit un clocher-porche en 1653-1657[29], qu'en 1682 enfin des clochetons furent ajoutés aux trois absides. Ensuite il n'y eut plus, en dehors des peintures intérieures vers 1750, que des arrangements de détail.

La chronologie de l'histoire du monument est, on le voit, assez précise. Par contre, sauf en ce qui concerne les travaux modernes d'embellissement, les modalités de transformation, sur lesquelles les textes sont confus et fort brefs, ont donné lieu à des discussions, maintenant closes par les travaux de A. Sahinian[30].

---

[21] KHATCHATRIAN, *ArchArm*, 28-9.

[22] Agathange, CIII-CVIII (*CHAMA*, I, 164-6); SAMUEL ANI, 267-8. Cf. aussi GRABAR, *Martyrium*, I, 181-2 (bien que l'auteur admette la théorie aujourd'hui caduque de T'oramayan).

[23] Vahan Mamikonean avait remporté une grande victoire sur les Perses en 483.

[24] « *Le vaillant général des Arméniens, Vahan Mamikonean restaura, à partir des fondations, avec une splendide munificence, cet édifice qui, bâti par ses ancêtres, tombait en ruines* » (*CHAMA*, II, 352); ÉTIENNE TAR (trad.), I, 114.

[25] ÉVÊQUE SEBEOS, *Histoire d'Heraclius*, trad. Macler, Paris, 1904, 77.

[26] KHATCHATRIAN, *Arch IV-VI*, 91, d'après TORAMANYAN, *Matériaux*, I, 226.

[27] *CHA*, I, 370.

[28] *Ibid.*, I, 415-7.

[29] *Ibid.*, I, 434-5.

[30] Les résultats des fouilles pratiquées par l'archéologue soviétique sont analysés en langue française dans SAHINYAN (A.), « Recherches scientifiques sous les voûtes de la cathédrale d'Etchmiad-

D'après cet auteur, l'édifice de saint Grégoire (Ējmiacin I) était une basilique à trois nefs dont les quatre piliers de la seconde travée ont été réutilisés par les architectes de Vahan Mamikonean quand ils édifièrent Ējmiacin II. Le plan carré tétraconque à piliers centraux du monument daterait donc de l'extrême fin du Vᵉ siècle[31].

Du point de vue architectural, ce qui frappe le plus dans ce monument, en dehors des vastes dimensions, c'est la disproportion de surface entre la totalité de l'église et le carré central, ce dernier n'en représentant qu'à peine le dixième. L'église présente de nombreux caractères archaïques : les absides pentagonales et fortement saillantes à l'extérieur sont outrepassées à l'intérieur. Les absidioles flanquant l'abside orientale sont des pièces rectangulaires allongées transversalement. Nous accordons moins de valeur que ne le fait A. Khatchatrian[32] aux inscriptions et bas-reliefs des façades qui peuvent être des réemplois et à la corniche denticulée qui se voit bien au delà du VIᵉ siècle.

2. La Cathédrale Saint-Jean de Bagaran (fig. 13, 14).

Cette église, située dans le canton de Širak, sur la rive droite de l'Arpa çay, est aujourd'hui complètement arasée. Elle est datée par une inscription de la première moitié du VIIᵉ siècle ; elle aurait été fondée en 624 par un certain Ter But Aṙuelean et achevée par sa veuve en 631. Une restauration, dont on ne connaît pas l'ampleur, a été exécutée en 1211 par le supérieur Aṙak'el[33].

Par ses dimensions et ses proportions, Saint-Jean de Bagaran est beaucoup plus proche qu'Ējmiacin II des édifices du type Kars-Mastara (fig. 14). Le carré central représente environ les trois dixièmes de la surface totale. Les exèdres sont à l'extérieur pentagonales mais peu saillantes et demi-circulaires à l'intérieur. L'église primitive n'avait pas d'absidioles orientales. Celles-ci ont été rapportées (peut-être en 1211) secondairement et leur forme allongée longitudinalement est habituelle[34].

---

zine», *RÉArm*, III, 39-71. Cf. aussi KHATCHATRIAN, *Arch IV-VI*, 67-92, 97-100 ; PABOUDJIAN (P.), La cathédrale d'Etchmiadzine, à la lumière des découvertes récentes, dans MECERIAN (J.), *Histoire et Institutions de l'église arménienne ...*, Beyrouth, s.d. (1965), 345-80.

[31] T'ORAMANYAN (*Matériaux*, I, 222-8) pensait qu'il avait été réalisé seulement au VIIᵉ siècle par Nersēs III, à partir d'un édifice carré tétraconque simple ; KHATCHATRIAN (*Arch IV-VI*, 67-74), qu'il était déjà réalisé dans Ējmiacin I l'église fondée par saint Grégoire au IVᵉ siècle.

[32] KHATCHATRIAN, *Arch IV-VI*, 67-8.

[33] ORBELI, *Morceaux choisis, op. cit.* (note 3 introduction), 390-4. L'inscription dit : «*En la 34ᵉ année du règne du roi Xosrow, le bienheureux Tēr But Aṙuelean jeta les fondations de la sainte église ... En la 38ᵉ année, Gobt'i et Xumat tuèrent But et trois ans après la mort de But, Anna, épouse de But, acheva la sainte église au mois de Trē, le vingtième ... au temps de Varaztiroc', aspet des Arméniens, était marzpan ...*» Il est possible que cette inscription soit postérieure de longtemps à l'édification de l'église. Cf. aussi SARGISEAN, *Voyage*, 203.

[34] Pour la description et l'analyse cf. TOKARSKI, *ArchArm*, 118-9 ; STRZYGOWSKI, *Baukunst*, 95-9 ; T'ORAMANYAN, *Matériaux*, I, 229-36 (D'après ce dernier la forme définitive du monument serait le fruit d'une reconstruction du Xᵉ siècle).

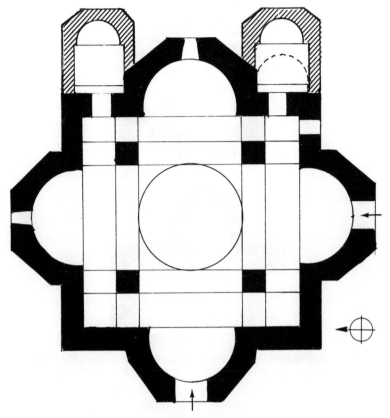

Fig. 13. Saint-Jean de Bagaran. Plan (d'après T'oramanyan).

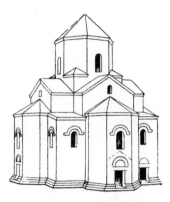

Fig. 14. Saint-Jean de Bagaran. Reconstitution (d'après Tokarski).

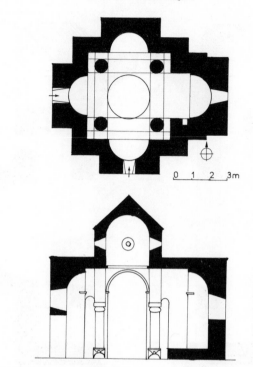

Fig. 15. Église de Bobosgeri. Plan et coupe est-ouest (d'après Taqaišvili).

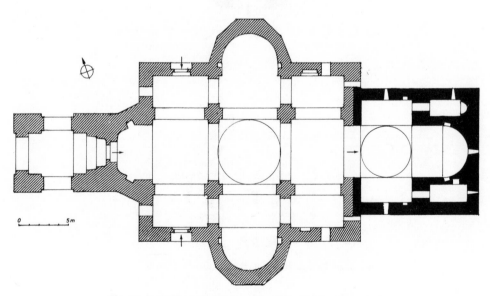

Fig. 16. Saint-Thaddée d'Artaz. Plan (d'après Haghnazarian).

3. *L'église de Bobosgeri.*

Cette église est située dans le bassin de l'Oltu çay, affluent du Çoruh, près du bourg de Şenkaya[35]. L'édifice (fig. 15) ne comporte pas d'absidiole orientale. Le carré central représente les quatre dixièmes de la surface totale.

Dans l'ensemble, le plan de l'église de Bobosgeri s'écarte notablement des deux précédents. Les exèdres, demi-circulaires intérieurement, sont inscrites dans un périmètre rectangulaire à l'extérieur à faible saillie ; l'appui du carré central se fait par des colonnes et non par des piliers.

La date de construction n'est pas connue. La forme des chapiteaux, à grosse abaque et corbeille saillante, le décor des stylobates, l'absence de trompe semblent indiquer une époque relativement tardive : IXe ou Xe siècle.

4. *La nouvelle église du couvent de Saint-Thaddée* (fig. 16, Pl. IV, 4).

Simeon, archevêque de Saint-Thaddée et postulant malheureux au siège d'Ējmiacin fit construire entre 1811 et 1820 une église imitée d'Ējmiacin II, mais dont l'abside orientale est représentée par ce qui restait de l'ancienne église[36].

Au total, ces églises sont trop différentes entre elles pour qu'on puisse dégager un type représentatif bien défini. Nous verrons *infra* ce qu'il faut penser de leur rapport de filiation avec les carrés tétraconques simples.

B. LES TÉTRACONQUES À NICHES D'ANGLE

Ce type d'édifice se différencie des carrés tétraconques par la substitution aux angles dièdres du carré central de segments de cylindre qui constituent les *niches*. Celles-ci se terminent en haut par un cul-de-four, au-dessus duquel s'insère une trompe amenant le carré à la base circulaire du tambour.

On dénombre en Transcaucasie 19 tétraconques à niches d'angle. Nous avons proposé[37] de les répartir en trois groupes selon le nombre de leurs chambres annexes. Celles-ci peuvent être de quatre (à chaque angle), de deux (aux angles orientaux), ou manquer.

Dans le groupe I qui comprend les monuments à quatre chambres annexes, l'aspect extérieur permet de distinguer trois types :

a) Le type de Džvari, dont le périmètre extérieur polygonal rappelant de plus ou moins près la conformation intérieure (fig. 17). Ce type, propre à la Géorgie,

---

[35] Cf. TAQAIŠVILI (E.), *Album d'Architecture géorgienne*, Tiflis, 1924, pl. 20-21 ; TAQAIŠVILI (E.), *Expédition archéologique en Kola-Olt'isi et en Čangli*, Paris, 1938, p. 43-5 (en géorgien).

[36] Le couvent de Saint-Thaddée a donné lieu à de nombreux travaux d'inégal intérêt. Citons seulement KLEISS (W.), « Le monastère arménien de Saint-Thaddée en Azerbaidjan », *Archeologia* (Paris), n° 19 (nov.-déc. 1967), 72-5 et la thèse importante : HAGHNAZARIAN (A.), *Das armenische Thaddäus Kloster der Provinz Westazerbaidjan in Iran*, Aachen, 1973 (thèse dactylographiée).

[37] THIERRY (M.), « L'église arménienne de la Mère de Dieu d'Arcuaber », *Cahiers Archéologiques*, XXV, 49-54.

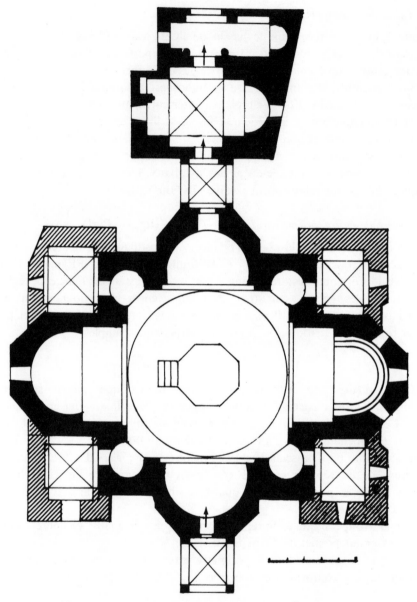

Fig. 17. Džvari Patosani de Mc'xeta. Plan (d'après Č'ubinašvili).

est représenté par cinq monuments, tous datés ou datables du VIIe siècle. Ce sont :

L'église Sainte-Croix de Mc'xeta (Džvari Patosani), datée par les inscriptions

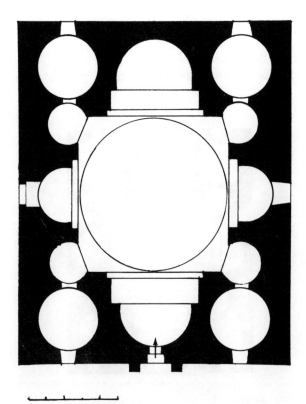

Fig. 18. Saint-Jean d'Avan. Plan (d'après Strzygowski).

et les témoignages historiques de l'extrême fin du VIe ou du début du VIIe siècle[38].

L'église Sainte-Sion d'Ateni, non datée, mais certainement de la même époque que la précédente[39].

L'église de la Toussaint de Šuamta (Kakhètie), non datée avec certitude[40].

La Cathédrale de Martvili, non datée avec certitude, probablement du VIIe siècle, mais fortement remaniée au XIe ou au XIIe siècle[41].

L'église de Çamxus, dans le Tao, en ruines et non datée[42].

b) *Le type d'Avan* (fig. 18), dont le périmètre est rectiligne, est représenté par trois monuments :

---

[28] STRZYGOWSKI, *Baukunst*, 84-7; Č·UBINAŠVILI (G.), *Pamyatniki tipa Džvari* (Monuments du type Džvari), Tiflis, 1948, 33-44, 133-56.

[39] STRZYGOWSKI, *Baukunst*, 88-9; Č·UBINAŠVILI, *Džvari, op. cit.*, 44-9, 156-78.

[40] Č·UBINAŠVILI (G.), *Arxitektura Kaxetii* ... (L'Architecture en Kakhètie), Tiflis, 1959, 246-50.

[41] Č·UBINAŠVILI, *Džvari, op. cit.* (note 38), 51-9, 178-94.

[42] Ce monument est différent des précédents en raison de la parfaite symétrie des absides (TAQAIŠVILI (E.), *MAC*, XII, 84-5).

L'église Saint-Jean d'Avan, datée par les inscriptions et les témoignages historiques *circa* 600[43].

L'église d'Aramus, datée de 728-741[44].

L'église de la Mère de Dieu de Varagavank', probablement du début du
XIe siècle[45].

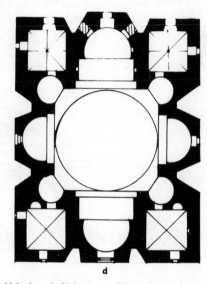

Fig. 19. Sainte-Hripsime de Vałaršapat. Plan (d'après Strzygowski-Eremyan).

c) Le type de Sainte-Hripsime (fig. 19), dont le périmètre est entaillé de niches
en dièdre évoquant à l'extérieur les divisions intérieures. Ce type est représenté
par six monuments :

L'église Sainte-Hripsime d'Eĵmiacin, fondée *circa* 620 d'après une inscription
et le témoignage des historiens[46].

L'église de Garnahovit (Adyaman), non datée, mais probablement fondée par
le catholicos Movses II (574-604)[47].

L'église de la Mère de Dieu d'Arcuaber, probablement de 630[48].

L'église Saint-Jean de Sisian, datée de 680, mais remaniée à plusieurs reprises[49].

---

[43] JEAN CAT. (trad.), 62-3; STRZYGOWSKI, *Baukunst*, 89-91.

[44] JEAN CAT. (trad.), 92-3; TOKARSKI, *ArchArm*, 120-3.

[45] THIERRY, *Monastères III*, *RÉArm*, VI, 149-52.

[46] SEBEOS, *op. cit.* (note 25), 76-7; EREMYAN (A.), *Xram Ripsime* (Le temple de Hripsime).

[47] EREMYAN, *Hripsime*, *op. cit.* (note 46), 100; Č·UBINAŠVILI, *Recherches*, 188; MARUT·YAN, *Avan*,
50-61.

[48] THIERRY, Arcuaber, *op. cit.* (note 37), 54-7.

[49] MNAC·AKANYAN (S.X.), «Sisavani Patkerak'andakner ev tačari karuc'man žamanakə (Les
sculptures figuratives de Sisavan et la date de construction de l'église)», *Haykakan SSR Gitut'yunneri*

L'église K'olatak à Aluč'alu, non datée, attribuée selon les auteurs au VIIe ou au IXe siècle [50].

Le groupe II, où n'existent que deux chambres (à l'est), est représenté par trois monuments, l'un dans l'Ayrarat, les deux autres au Vaspurakan :

L'église des T'argmanč'ac' à Aygešat n'est pas datée, mais probablement de la première moitié du VIIe siècle [51].

L'église Sainte-Croix d'Ałbak à Soradîr, que nous datons du VIIIe ou du IXe siècle [52].

L'église Sainte-Croix d'Ałt'amar, datée de 913-921, bâtie sur le modèle de la précédente [53].

Le groupe III enfin ne compte aucune chambre annexe. Il est représenté par trois monuments de la province de Kakhètie, en Géorgie. Ce sont :

La cathédrale de Ninoc'minda, attribuée au milieu du VIe siècle [54].

La petite église de Šuamta, attribuée au VIIe siècle [55].

L'église de Kvetera, attribuée au Xe siècle [56].

Nous discuterons plus loin des problèmes de filiations, mais on peut déjà remarquer que la majorité des tétraconques à niches d'angle comportent quatre chambres d'angle, ce qui est l'exception pour les carrés tétraconques (Sveti), qu'il y a un allongement des édifices dans le sens est-ouest. Cette conception des tétraconques à niche d'angle les plus élaborées les rapproche des églises en croix inscrite, tandis que les carrés tétraconques restent fidèles au plan rayonnant.

C. LES TÉTRACONQUES SIMPLES [57]

Ce genre d'édifice se définit comme une coupole sur carré dont chaque côté est entièrement occupé par l'arc d'une conque (fig. 20). La différence avec les carrés tétraconques réside dans le fait qu'ici, il n'y a pas de saillie extérieure des angles du carré entre les exèdres.

La classification des tétraconques simples est assez difficile. Par analogie avec notre systématisation des tétraconques à niches d'angle, on peut classer les

---

Akademiayi Hratarakč'ut'yun (Publications de l'Académie des Sciences de la RSS d'Arménie), X (1961), 63-76.

[50] MNAC'AKANYAN, *Siounie*, 82-85; ČUBINASVILI, *Recherches*, 37; MARUT'YAN, *Avan*, 103-7.

[51] MARUT'YAN, *Avan*, 93-99.

[52] BRECCIA FRATADOCCHI (Th.), *La Chiesa di S. Ējmiacin a Soradir*, Roma, 1971.

[53] DER NERSESSIAN (S.), *Aght'amar Church of the Holy Cross*, Cambridge (Mass.), 1964.

[54] ČUBINAŠVILI, *Kakhètie, op. cit.* (note 40), 232-46.

[55] *Ibid.*, 251-5. D'après JAKOBSON (A.L.), « Les rapports et les corrélations des architectures arménienne et géorgienne au Moyen-Age », *RÉArm*, VIII, 235, les niches sont tellement réduites qu'il conviendrait de classer cette église dans les carrés tétraconques ce qui ne nous paraît guère admissible.

[56] *Ibid.*, 411-6.

[57] Nommée *Quatrefeuille de type rayonnant* par KHATCHATRIAN, *ArchArm*, 21; *Vierpass*, par STRZYGOWSKI, *Baukunst*, 99-108; *Cupola su quadrato tetraconchi* par CUNEO, *Pianta cent.*, pl. Ia.

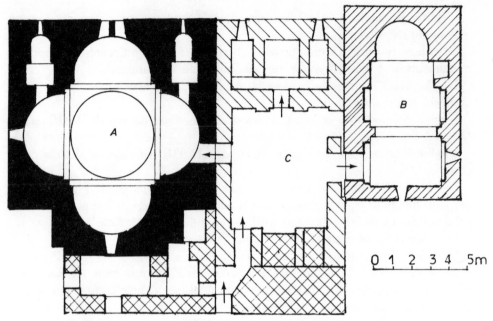

Fig. 20. Couvent de Vanevan. Plan (d'après Mnac'akanyan, modifié).

monuments d'après le nombre des chambres annexes, en précisant qu'il peut
y avoir là une source d'erreur tenant au fait que certaines chambres peuvent avoir
été ajoutées secondairement.

Dans le groupe I, les églises ont quatre chambres annexes (aux angles).
On y dénombre cinq monuments du Xe et du XIe siècle qui sont :

L'église Saint-Grégoire de Vanevan, datée de 903[58], l'église de la Mère de Dieu
de C'ałac'kar, attribuée au XIe siècle[59], l'église des Saints-Apôtres d'Ani, antérieure à 1031, mais certainement de peu[60], l'église de la Mère de Dieu de Xc'kônk,
attribuée au XIe siècle, toutes quatre inscrites dans un périmètre rectangulaire,
et l'église Saint-Serge de Xc'kônk, datée de 1027, a un pourtour circulaire[61].
A Garni, il y a des ruines du même plan que les précédentes que P. Cuneo
attribue à l'époque paléo-chrétienne[62].

Dans le groupe II, les églises ont deux pièces annexes orientales dont on n'est
pas toujours sûr qu'elles soient primitives. Ce groupe comprend six monuments :

L'église d'Agrak, attribuée au VIIe siècle[63], l'église de la Mère de Dieu de

[58] MNAC'AKANYAN, Siounie, 53-5.
[59] Ibid., 79-81.
[60] STRZYGOWSKI, Baukunst, 106-8.
[61] ALIŠAN, Širak, 126-31; STRZYGOWSKI, Baukunst, 105-6.
[62] CUNEO, Pianta Cent., pl. I d n° 42.
[63] STRZYGOWSKI, Baukunst, 101-3.

But'ac'vank', attribuée au VIIe ou au IXe siècle, selon que l'on considère les annexes comme originales ou ajoutées[64], l'église décagonale Sainte-Elie d'Ani, attribuée au XIe ou au XII[e][65], l'église des Saints-Martyrs de Gndevank', datée de 936[66], l'église principale de Kinepos, dans le Tao, attribuée au Xe siècle[67], l'église Mulhaci kilise, non datée, l'église de Manglisi du Ve siècle remaniée au XI[e][68].

Dans le groupe III, les églises n'ont qu'une chambre annexe. Aucune n'est datée avec certitude. Ce sont : l'église de Zarinj, attribuée au Xe ou au XIe siècle[69], l'église d'Hayravank' (en Siounie), attribuée au IX[e][70], l'église de la Sainte-Dame à Sortikin, près de Çatak, attribuée au VIIe ou au IX[e][71].

Dans le groupe IV, les églises n'ont pas de chambre annexe. Aucune n'est datée avec certitude, mais elles sont généralement considérées comme paléochrétiennes (à l'exception de l'église Saint-Grégoire de Sanahin). Le groupe est assez disparate. On peut tenter d'en classer les éléments selon la forme du pourtour :

a) *Périmètre polylobé* dans une église de Jrvež[72], l'église de Soğukbahçe[73] et l'église de Džveli Gavazi (Kakhètie), attribuée au VIe siècle[74].

b) *Périmètre cruciforme* dans l'église des Mankanoc' à Ošakan[75], l'église des Tarkmanč'ac' à P'arpi[76] et l'église de Sołagavank'[77].

c) *Périmètre octogonal* dans l'église Saint-Cyriaque d'Arzni[78].

d) *Périmètre rectangulaire* dans l'église Saint-Hayrapet de Belu[79].

e) *Périmètre circulaire* dans l'église Saint-Grégoire de Sanahin, datée de 1061[80].

Au total, à s'en tenir à l'appréciation de la plupart des auteurs, il semble que le nombre des chambres annexes soit un élément de datation, non absolu, certes,

---

[64] THIERRY, *Monastères V*, *RÉArm*, VIII, 216-8.

[65] STRZYGOWSKI, *Baukunst*, 103-4.

[66] MNAC'AKANYAN, *Siounie*, 48-51, 211-3.

[67] TAQAIŠVILI, *Album*, op. cit. (note 36), pl. 22; *Kola*, op. cit. (note 36), 74-6.

[68] TAQAIŠVILI (E.), *Arxeologičeskaya Ekspedic'iya 1917-go goda b yuziye Provinc'ii Gruzii* (Expédition archéologique en Géorgie Méridionale exécutée en 1917), Tiflis, 1952, 89.

[69] STRZYGOWSKI, *Baukunst*, 101.

[70] MNAC'AKANYAN, *Siounie*, 16-30.

[71] THIERRY, *Monastères IV*, *RÉArm*, VII, 132-4.

[72] TOKARSKI (N.), *Jrvež II; Volaberd*, Erivan, 1964.

[73] TAQAIŠVILI, *Géorgie*, op. cit. (note 68), 81.

[74] AMIRANAŠVILI (S.), *Istoriya Gruzinskogo Iskusstva* (Histoire de l'Art géorgien), Moscou, 1963, I, 101-2.

[75] T'ORAMANYAN, *Matériaux*, I, 137, 143, 220.

[76] *Ibid.*, I, 226.

[77] CUNEO, *Pianta cent.*, pl. Ia, n° 8.

[78] GRIGORYAN (V.), « Arzni k'arabsid hušarjanə (le monument tétraconque d'Arzni) », *Lraber Hasarakakan Gitut'yunneri*, Erivan, VII, 76-82. Une variante géorgienne citée dans TAQAIŠVILI (E.), *Album d'Architecture Géorgienne*, Tiflis, 1928, pl. 26c (Kosor).

[79] THIERRY, *Monastères VIII*, *RÉArm*, XI, 385-7.

[80] XALPAČYAN (O.X.), *Sanahin, Arkitekturnyi Ansambly Armenii X-XIII vekov* (Sanahin, ensemble architectural arménien du Xe au XIIIe siècle), Moscou, 1973, 33-5.

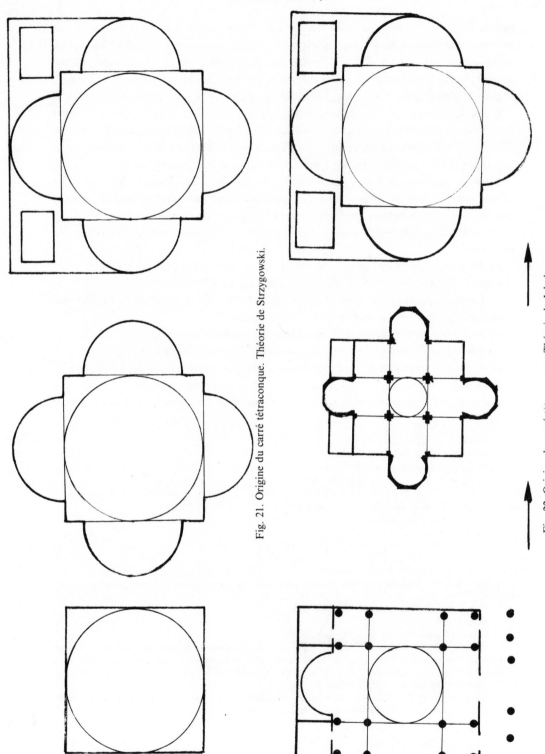

Fig. 21. Origine du carré tétraconque. Théorie de Strzygowski.

Fig. 22. Origine du carré tétraconque. Théorie de Jakobson.

mais assez significatif, ce qui, du reste, ne saurait étonner. Les églises sans annexe sont petites et rappellent les martyria, édifices privilégiés de l'époque paléo-chrétienne, tandis que les églises comportant plusieurs annexes répondent à des nécessités liturgiques dont l'apparition a été plus tardive.

Les tétraconques à colonnades et galerie, du type de Zvart'noc, et les octogones, quoique édifices de plan rayonnant, nous paraissent avoir avec les carrés tétraconques des rapports trop éloignés pour que nous en fassions état ici.

Origines et évolution du plan carré tétraconque

Les origines et l'évolution du plan carré tétraconque ont donné lieu à toute une série d'hypothèses souvent ingénieuses, parfois confuses ou contradictoires, mais qui se heurtent toutes à cet obstacle majeur, le petit nombre de monuments datés avec certitude qui pourraient servir de jalons. Voici les principales de ces théories :

Pour Strzygowski[81] (fig. 21), le plan carré tétraconque est né en Arménie et dérive de la coupole sur carré dont les côtés ont été renforcés par des niches (Strebenischen) destinées à corriger la poussée de la coupole. Les Tétraconques à niches d'angles constitueraient une étape évolutive ultérieure. En réalité, comme nous l'avons souligné plus haut, avec le mode classique de construction arménienne où le béton joue un rôle prépondérant, la contrebutée de la coupole n'est pas nécessaire.

Pour A. Khatchatrian[82], la genèse du type serait la même et le carré tétraconque à piliers serait un processus évolutif ultérieur. Toutefois le même auteur dit ailleurs[83] que ce dernier type dérive des mausolées tétrapyles.

Pour Jakobson[84] (fig. 22), l'évolution serait la suivante : à partir de monuments païens de Syrie, du type cruciforme à tétrapyle centrale, a été édifiée l'église Ējmiacin II, carré tétraconque à piliers centraux. Ultérieurement ces piliers auraient été supprimés pour réaliser le type Artik-Mastara, imité à Kars et d'où dériveraient les tétraconques à niches d'angle.

Pour A. Grabar, toutes les églises arméniennes à plan rayonnant dérivent des martyria paléo-chrétiens et ceci est tout particulièrement net pour la cathédrale des Saints-Apôtres de Kars, en raison de sa dédicace même[85] et aussi des rapports de forme avec un reliquaire du Xe siècle conservé à Aix-la-Chapelle[86].

---

[81] STRZYGOWSKI, *Baukunst*, 465-70.
[82] KHATCHATRIAN, *ArchArm*, 28-9.
[83] KHATCHATRIAN, *Arch IV-VI*, 97-100.
[84] JAKOBSON, *rapports, art. cit.* (note 55), 235-7.
[85] GRABAR, *Martyrium*, I, 183. Du IVe au VIe siècle, les sanctuaires dédiés aux apôtres étaient assimilés virtuellement aux martyria et avaient de ce fait un aspect cruciforme.
[86] Les martyria sont, en somme, des reliquaires construits. Cf. *Ibid.*, 175. Sur le reliquaire d'Aix-la-Chapelle cf. STRZYGOWSKI, *Baukunst*, 657-8.

Le martyrium, lui, provient de l'heroon païen par l'intermédiaire ou parallèlement aux baptistères paléo-chrétiens[87]. Toutes les formes d'églises tétraconques se retrouveraient dans les heroons ou mausolées et cette origine antique expliquerait l'identité de plans entre monuments arméniens et occidentaux comme San Satiro de Milan ou Germigny des Prés, sans qu'il soit nécessaire d'invoquer de prétendus architectes arméniens errant[88]. Cependant nous n'avons pas trouvé dans l'architecture gréco-romaine de mausolée ou d'autres monuments répondant exactement au type du carré tétraconque.

Pour Paboudjian[89], le plan tétraconque aurait deux sources : les temples du feu et les mausolées païens à exèdre.

En fait, comme nous l'avons dit, les documents archéologiques et historiques sont insuffisants à l'heure actuelle pour établir une évolution rationnelle. Le seul élément de référence qui paraisse certain est le plan d'Ējmiacin II, assez précisément daté des environs de l'an 500 depuis les travaux de A. Sahinian.

Ce plan rappelle évidemment celui de quelques monuments de Syrie, tels le tychaion de Mismiyeh[90], daté de 161-169, mais remanié au IVe ou au Ve siècle et la salle d'audience d'Al-Mundir à Resafah du VIe siècle[91]. Il ne faut pas perdre de vue cependant deux points importants qui n'ont pas retenu suffisamment l'attention : d'abord le fait que l'édification d'Ējmiacin II s'est faite sur les ruines d'une basilique (Ējmiacin I) dont certains éléments, les piliers centraux, ayant été réutilisés, ont pu conditionner le choix du plan. Ensuite le fait qu'Ējmiacin II apparaît assez isolée dans la typologie; il faudra attendre 140 ans pour que le plan soit imité à Bagaran (et d'ailleurs de façon très libre) ce qui est étonnant pour un monument de l'importance d'Ējmiacin dans la vie religieuse des Arméniens de l'époque. On peut donc se demander si le plan d'Ējmiacin II n'a pas été fortuit, imposé par une infrastructure, sans qu'il faille en faire un emprunt délibéré à l'art syrien[92]. Il n'en reste pas moins vraisemblable que c'est l'exemple d'Ējmiacin II qui a incité les architectes arméniens à concevoir des édifices de plan central avec de grandes dimensions. Ainsi s'expliquerait le foisonnement de plans variés, véritable « explosion typologique », au VIIe siècle : carré tétraconque, tétraconque à niche d'angle, octogones, croix inscrite et salle à coupole. Il nous paraît possible que ces plans aient été contemporains sans lien de filiation

[87] GRABAR, *Martyrium*, I, 31-3, 392. L'auteur fait remarquer que le tombeau de Constantin jouxtant l'église des Saints-Apôtres était encore au Moyen-Age nommé heroon (*Ibid.*, 229).

[88] *Ibid.*, 186.

[89] PABOUDJIAN, *Etchmiadzine*, op. cit. (note 30), 360-73.

[90] Cf. KHATCHATRIAN, *Arch IV-VI*, 98-100.

[91] *Ibid.*, 100.

[92] On trouve d'ailleurs un plan très voisin dans un baptistère attribué au VIe siècle découvert à Side en Pamphylie (cf. KHATCHATRIAN, *Baptistères*, 16, n° 120) et dans un pyrée iranien découvert dans la vallée de Djerré (GODARD (A.), « Les monuments du feu », *Athar-e Iran*, III/1 (1938), 58).

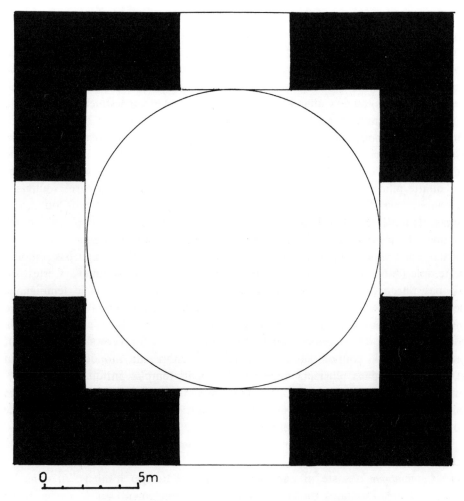

Fig. 23.Monument du feu de Kasr-i-chirin (d'après Godard).

entre eux. Ils témoignent du génie inventif et du goût de l'adaptation des maîtres d'œuvre.

Bien entendu ces architectes ne sont pas partis de rien. Ils ont puisé dans le matériel qu'ils avaient sous les yeux, ou qu'ils découvraient à l'occasion de voyages, mais il faut noter que nous ne connaissons pas d'édifice païen ou paléo-chrétien réalisant intégralement les dispositions du carré tétraconque. Seuls les éléments constitutifs sont connus, que ce soit dans les arts iranien, gréco-romain ou paléo-chrétien. Nous allons en donner une brève analyse, en considérant séparément les principales caractéristiques des carrés tétraconques, à savoir la coupole sur carré, le tambour, les exèdres et les chambres annexes.

a) *La coupole sur carré*, dans le type qui nous occupe, présente deux caractéristiques : les quatre côtés du carré sont percés d'arcatures dont la largeur
n'atteint pas les angles et d'autre part le carré passe à l'octogone soutenant la
coupole par des trompes enjambant les angles dièdres[93]. Cette forme évoque
certains monuments du feu iraniens désignés sous les noms de Čahar tak
(= quatre piliers) ou de Čahar kapu (= quatre portes) et sur lesquels A. Godard a
donné d'intéressantes précisions historiques et typologiques[94] (fig. 23). Ces édifices
tétrapyles à coupole, si voisins de nos carrés tétraconques, dériveraient des kiosques
assyriens et leur construction s'est étendue sur plusieurs siècles entre l'époque
achéménide et la fin de l'empire sassanide. Ces monuments sont constitués
par quatre piliers montés généralement en équerre délimitant un carré soutenant
la coupole par des trompes. Les arcs ouverts à l'extérieur sont plus ou moins
larges, ils représentent ordinairement le 1/3 du côté du carré, mais parfois moins
comme à Kasr-e-Shirin. La coupole repose directement sur l'octogone sans l'intermédiaire de tambour. Contrairement à une idée répandue, il ne s'agit pas toujours
de temple (Atēšgah), mais souvent de signal dressé sur les sommets. Certes, on
n'a pas retrouvé de tels édifices en Arménie, mais on sait par le témoignage
des auteurs grecs ou arméniens qu'ils étaient nombreux dans toute l'Asie antérieure
où ils furent tous détruits[95]. On serait donc tenté d'attribuer aux Iraniens la
source exclusive de la coupole sur carré comme le fait Strzygowski, mais il faut
remarquer que la coupole sur carré n'était pas ignorée du monde gréco-romain
et se rencontre dans plusieurs mausolées ou petits temples antiques de Rome[96].
En Syrie les tétrapyles étaient coiffés d'une pyramide de bois plus tard remplacée
par de la pierre[97] ; c'est peut-être là qu'il faut voir l'origine de la forme de
couverture des coupoles arméniennes.

En définitive, on a deux sources possibles (et probablement mêlées) de la
coupole sur carré.

b) *Le tambour* n'existe ni dans les monuments du feu iraniens, ni dans les
mausolées gréco-romains où la coupole repose directement sur le carré. Il est
curieux de noter combien cet élément a peu retenu l'intérêt des archéologues.
Il est même souvent confondu avec la coupole. Il paraît évident que le tambour
a pour but de permettre l'éclairage de l'intérieur du monument et était en quelque
sorte imposé par l'adaptation de l'édifice à la liturgie chrétienne[98]. La structure

---

[93] Sauf à Harič où les trompes sont remplacées par des pendentifs.

[94] GODARD, *Monuments, art. cit.* (note 92), 7-80.

[95] Par exemple lors de la révolte des Arméniens contre les tentatives de conversion forcée
au mazdéisme *circa* 450 (cf. Lazare de P'arpi, *CHAMA*, II, 292). Déjà Strabon signalait les nombreux
pyrées qui, de son temps, avaient été construits en Cappadoce.

[96] GRABAR, *Martyrium*, I, 601, fig. 49, 50.

[97] KHATCHATRIAN, *ArchArm*, 77-8, fig. 120.

[98] On ne pourrait expliquer autrement l'existence à Bosra d'un tambour dont l'analyse montre
qu'il n'a pu être couvert que par du bois (CHOISY (A.), *Histoire de l'Architecture*, Paris, 1929, II, 58).

du tambour reproduit habituellement à l'extérieur l'octogone sur lequel il est posé, mais il est circulaire à l'intérieur.

L'origine du tambour est malaisée à discerner puisqu'on le voit en même temps en Arménie, en Syrie (Bosra) et en Asie Mineure[99]. Les études qui pourraient être entreprises pour une recherche chronologique se heurtent à une difficulté quasi insurmontable : la plupart des monuments ont perdu leur coupole et leur tambour et quand ce dernier est encore debout, il a été le plus souvent radicalement restauré ce qui rendrait les conclusions bien aléatoires.

c) *Les exèdres ou conques* (fig. 24), ouvertes dans chaque côté du carré, sont bien connues dans l'architecture des mausolées païens[100]. Strzygowski avait pensé que ces niches servaient à contrebuter la coupole, ce qui était sans doute vrai dans la construction appareillée, mais les travaux de A. Khatchatrian ont montré que le mode de construction par le béton rendait, en Arménie, cette précaution sans objet, la pesée de la coupole étant absorbée par les murs, sans poussée latérale[101]. Il s'en suit que les exèdres avaient en réalité le seul avantage d'agrandir la surface des églises, mais il faut toujours tenir compte du tempérament

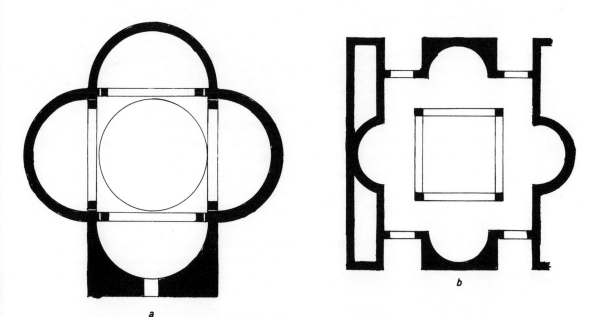

a   *b*

Fig. 24. Exèdres païennes et paléo-chrétiennes. *a*) Mausolée antique, *b*) Baptistère de Side.

[99] Par exemple à Kızıl kilise près de Sivri hisar en Cappadoce (ROTT (H.), *Kleinasiatische Denkmäler aus Pisidien, Pamphylien, Kappadokien und Lykien...*, Leipzig, 1908, 276-81. La datation en a été récemment discutée.

[100] GRABAR, *Martyrium*, I, 175-80, fig. 44, 48-50.

[101] KHATCHATRIAN, *Arch IV-VI*, 24-7.

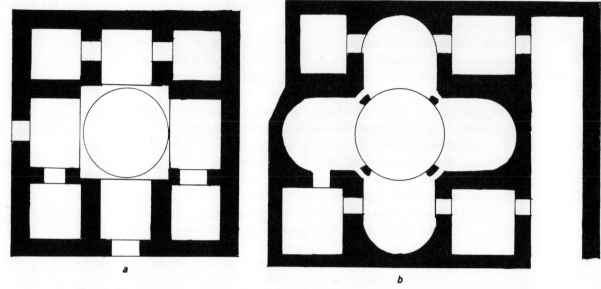

Fig. 25. Chambres annexes païennes et paléo-chrétiennes. *a*) Tombeau d'Ak kale, *b*) Caric'in Grad.

conservateur des architectes arméniens qui pérennisaient volontiers des formes qui n'avaient plus aucun rôle architectonique [102].

d) *Les chambres annexes* (fig. 25) se rencontrent dans des monuments paléo-chrétiens comme Tebessa ou C'arič'ingrad [103] mais aussi dans des édifices antiques [104]. On considère généralement que les annexes étaient destinées à abriter des tombeaux ou des sarcophages. Pour les églises, les annexes représentèrent d'abord des pièces martyriales où étaient conservées des reliques, puis devinrent aussi des baptistères ou des sacristies. Il semble, mais ceci ne peut être affirmé avec certitude, que les annexes soient apparues dans les églises dès le VIe siècle. Toutefois, et jusqu'aux temps modernes, beaucoup d'églises modestes en étaient dépourvues.

Par la méthode analytique que nous avons employée, on peut, nous semble-t-il, clarifier les problèmes de l'origine et de l'évolution du carré tétraconque sans vouloir en pallier la complexité.

[102] Ainsi en est-il de la persistance de la forme des arcs de décharge au-dessus des fenêtres (indispensables quand il y a un linteau monobloc, mais inutile avec la construction bétonnée) ou de la forme pyramidale de la coiffe des coupoles qui rappelle la couverture de bois (cf. GRABAR, *Martyrium*, I, 379-80).

[103] *Ibid.*, fig. 42, 57. Cf. aussi GUYER (S.), *Grundlagen mittelalterlichen abendländischer Baukunst*, Cologne, 1950, 30-2.

[104] GRABAR, *Martyrium*, I, fig. 74. Il semble que cette disposition dérive de la segmentation cruciforme des mausolées les plus simples comme celui d'Ak kale en Cilicie (LOWTHIAN BELL (G.), «Notes on a Journey through Cilicia and Lycaonia», *Revue Archéologique*, I (1906, 398-402).

1) L'origine du plan carré tétraconque peut être rapportée à deux sources principales : le mausolée (heroon) gréco-romain, répandu dans tout l'Empire Romain, qui ne réalise jamais totalement, en dépit de la multiplicité des formes, le type de carré tétraconque. Mais les éléments constitutifs de ce type se retrouvent isolés dans l'architecture funéraire antique, ainsi que nous l'avons montré plus haut.

Les monuments du feu (Čahar tak), iraniens, répandus dans le monde perse au moment où se constitua l'art chrétien primitif en Arménie, influencèrent probablement aussi les architectes locaux.

Au début du christianisme en Arménie dans la quatrième décénnie du IVe siècle, en effet, le pays était partagé entre l'Empire Romain et l'Empire Sassanide. La frontière mouvante livrait les Arméniens à la double influence orientale et occidentale[105]. Il apparaît donc logique que les architectes transcaucasiens aient puisé aux deux sources quand ils édifièrent leurs premiers monuments religieux. Ceci n'explique pas cependant la singulière fortune en Arménie des plans rayonnant en général et du plan carré tétraconque en particulier.

D'une façon générale, dans toute la chrétienté, après le triomphe de l'Église, les édifices étaient construits pour répondre à des buts bien précis ; les uns, destinés à réunir les fidèles, devaient avoir de vastes dimensions et le plan choisi fut la basilique (en Anatolie et en Transcaucasie, la basilique à trois nefs voûtées) comme le plus adéquat ; les autres destinés à abriter un tombeau (chapelle funéraire), à conserver des reliques (martyrium) ou encore à protéger une cuve baptismale[106] devaient avoir, au contraire, un caractère intime et les plans choisis furent soit la petite pièce barlongue à abside, soit le petit édifice central à coupole.

En Arménie, la basilique s'éteignit rapidement[107] ; les petites chapelles à une nef continuèrent à être construites jusqu'à nos jours, mais plutôt comme églises de campagne ; les édifices centraux, par contre, allaient connaître un développement considérable[108]. Ceci tient, à notre avis, à deux causes principales : l'une spirituelle qui était de se conformer au vœu de saint Grégoire souhaitant que l'on bâtît les églises selon la vision qu'il en avait eue[109] ; l'autre, technique,

---

[105] GROUSSET, *Arménie*, 163-6.

[106] Deux baptistères paléo-chrétiens réalisent le plan carré tétraconque, l'un simple, à S. Pedro d'Alcantara (Malaga) (KHATCHATRIAN, *Baptistères*, 42, n° 297, 59, n° 382), l'autre à piliers centraux à Side (*Ibid.*, 16, n° 120).

[107] Contrairement toutefois à une opinion assez répandue, elle ne fut pas complètement abandonnée et eut même un renouveau au XVIIe et au XVIIIe siècle, notamment en Siounie (HASRAT'YAN (M. M.), *Syunik'i XVII-XVIII dareri Čartarapetakan Hamalirnerə* (Les Complexes architecturaux des XVIIe et du XVIIIe siècle en Siounie), Erivan, 1973).

[108] GRABAR, *Martyrium*, I, 378-82. Rappelons que tout ce que dit l'auteur au sujet d'Ējmiacin I doit être considéré comme caduc depuis les travaux d'A. Sahinian mais celà ne retire rien à la justesse de l'analyse en général.

[109] Cf. à ce sujet KHATCHATRIAN, *Arch IV-VI*, 73-86, 103-8.

qui était la facilité d'exécution d'une coupole selon la tradition iranienne transmise de longue date aux Arméniens[110]. Le point le plus controversable reste celui de la filiation entre carré tétraconque simple, type Mastara-Kars, et du carré tétraconque à piliers type Ējmiacin II. Certes Ējmiacin II est antérieur aux carrés tétraconques simples (du moins dans l'état actuel de nos connaissances), mais il s'agit d'une forme qui n'a pas eu de suite importante et qui, imposée par les contraintes techniques, nous paraît de ce fait une exception. Nous pensons que les deux types sont indépendants.

On peut résumer tout ce qui précède par le schéma évolutif suivant :

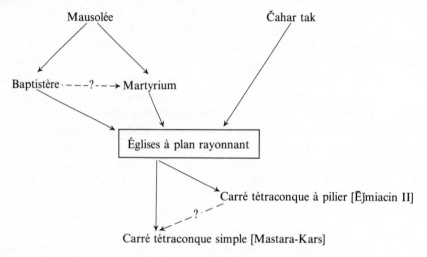

2) L'évolution interne du carré tétraconque.

Nous avons vu que les premiers carrés tétraconques simples, Mastara et Art'ik n'apparaissent qu'au début du VIIe siècle, comme la plupart des types d'édifices à plan rayonnant à l'exception d'Ējmiacin II (485-507).

Il paraît illusoire de chercher une antériorité entre Mastara et Art'ik[111], mais on peut affirmer que Kars s'est inspiré plutôt de Mastara que d'Art'ik étant donné l'étroitesse de leurs rapports architecturaux.

Kümbet kilise apparaît comme une copie modeste de Kars. Sa datation ne peut être précisée, mais le caractère légèrement brisé des arcs invite à penser qu'elle pourrait être de la fin du Xe ou du début du XIe siècle. Ce pourrait donc être l'œuvre d'un roi du Vanand désirant marquer son accession au trône, comme Abas l'avait fait.

Haric̆ et Oskepar ne nous paraissent guère pouvoir être antérieurs au Xe siècle

---

[110] La coupole iranienne est en briques liées à la chaux; la coupole arménienne est en béton avec double parement de tuf. Dans l'un et l'autre cas, la légèreté et la constitution du matériau n'entraîne pas de contrainte grave dans les poussées.

[111] Cf. *supra*, p. 13-6.

ainsi que nous l'avons dit plus haut. Dans cette hypothèse, ces édifices peuvent avoir été imités aussi bien de Mastara que de Kars. Il semble logique, d'après la géographie et les données historiques de l'époque, de donner la préférence à Mastara.

Quant à Sveti, sa structure différente en fait un monument assez isolé du point de vue typologique; l'influence de la grande tétraconque à galerie de Bana (881-923) nous paraît indéniable[112], mais nous pensons que l'architecte s'est aussi inspiré de la cathédrale de Kars. A notre avis, la construction a dû se faire au début de la seconde moitié du Xe siècle, période qui correspond à une intense activité architecturale en Tao-Clardjètie et où les rapports entre Arméniens et Géorgiens étaient bons.

On peut schématiser ainsi l'évolution interne du plan carré tétraconque :

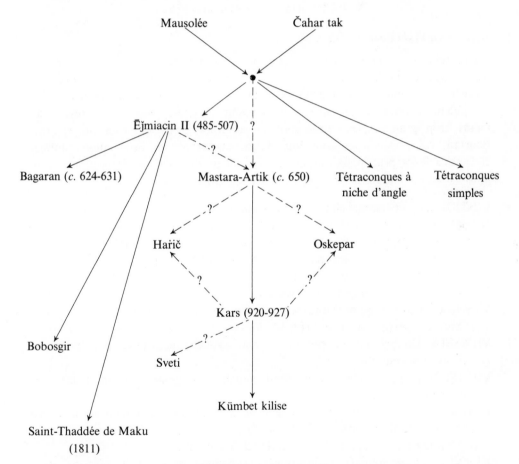

[112] THIERRY (N. et M.), «Notes d'un Voyage en Géorgie turque», *Bedi Karthlisa*, VIII-IX, 12-4; plan dans KHATCHATRIAN, *ArchArm*, 82.

CHAPITRE IV

LE DÉCOR SCULPTÉ

Le décor sculpté de la Cathédrale des Saints-Apôtres de Kars est assez riche pour se prêter à une analyse à la fois iconographique et stylistique. Qu'il soit daté lui confère un intérêt capital dans l'histoire de la plastique arménienne. Nous étudierons successivement la sculpture figurée et la sculpture purement décorative.

A. LA SCULPTURE FIGURÉE (OU ANIMÉE)

1. *Les figures du tambour* (fig. 26).

Des figures ornent les écoinçons des 12 arcatures du tambour. Ce sont des personnages en pied, vus de face, d'une facture très primitive. On y trouve tous les défauts et toutes les maladresses commises par les artisans malhabiles quand ils veulent représenter une silhouette humaine : les têtes sont trop grosses, les mains trop grandes, les jupes sont évasées, les pieds en rotation externe. Pourtant ces personnages sont loin d'être stéréotypés et nous allons donner ci-dessous leurs principaux caractères. En allant du nord-nord-ouest au nord-nord-est autour du monument on voit successivement :

I (NNO). Un personnage chauve et barbu en orant.

II (NO). Un personnage mains ramenées contre la poitrine. Sa tête est accostée par deux serpents en boucle donnant l'impression de nattes (Pl. V, 1).

III (ONO). Un personnage portant sa main gauche à la bouche et dirigeant sa main droite vers un arbre (Pl. V, 3).

IV (OSO). Un personnage glabre, orant.

V (SO). Un personnage barbu ramenant ses mains vers la ceinture.

VI (SSO). Un personnage orant (Pl. VI, 1).

VII (SSE). Un personnage posant sa main gauche contre sa poitrine et sa droite à la ceinture.

VIII (SE). Un personnage barbu, main gauche à la poitrine main droite à la ceinture (Pl. VI, 3).

IX (ESE). Personnage barbu, main gauche à la ceinture et tenant de la droite un instrument en forme de T (Pl. V, 5).

X (ENE). Un personnage barbu, les mains à la ceinture.

XI (NE). Un personnage glabre portant sa main droite à la poitrine et la gauche à la ceinture.

Fig. 26. Saints-Apôtres de Kars. Schéma des figures du tambour.

XII (NNE). Un personnage glabre portant la main gauche contre la poitrine
et la droite à la ceinture.

La croyance populaire arménienne faisait du couple II/III Adam et Eve,
voyant dans le personnage II une femme avec des nattes et dans le personnage III
un homme cueillant un fruit, mais on n'a aucune peine à reconnaître la
figuration des 12 apôtres. Toutefois, au premier abord, le style extrêmement
grossier déroute l'analyse iconographique.

L'origine grecque ne nous semble faire aucun doute :

Les apôtres ont été favorisés d'un culte très vif et durable à Byzance depuis
la fondation par Constantin le Grand de l'église-martyrium des Apôtres sur la
plus haute colline de Constantinople[1]. Cette église fut reconstruite entre 536 et
546 sous Justinien, par Anthemius de Tralles et Isidore le Jeune[2] et restaurée
par Basile Ier à la fin du IXe siècle[3]. Elle est depuis longtemps complètement
détruite, mais on sait qu'une mosaïque ornant la coupole figurait le Christ et,

[1] GRABAR, *Martyrium*, I, 228-34.
[2] DIEHL (Ch.), *Manuel d'Art Byzantin*, Paris, 1926 (2e éd.), 178-9.
[3] *Ibid.*, 482-3.

au-dessous de lui, la Vierge et les Apôtres. Le culte des apôtres est passé sans difficulté en Arménie; ils y furent particulièrement honorés au Xe et au XIe siècle. A Ani, une importante église leur fut consacrée[4]. Voyons maintenant comme cette figuration des apôtres a été transmise en Arménie.

Il s'agit évidemment ici d'une Ascension sous une forme réduite. Le thème est, on le sait, inspiré des *Actes*, I, 9-10 : « *Les apôtres virent le Christ s'élever, puis une nuée vint le soustraire à leur regard. Et comme ils avaient les regards fixés vers le ciel pendant qu'il s'en allait, voici, deux hommes vêtus de blanc leur apparurent… »*

En Arménie le thème ne s'est réellement développé qu'à partir du XIIe siècle dans l'art de la miniature; la figuration sculptée de Kars, comme la figuration peinte de l'église de la Sainte-Croix d'Ałt'amar[5] constituent des exceptions.

On s'expliquerait mal, d'autre part, une origine palestinienne, par le truchement des ampoules de Terre Sainte (comme celle de Monza), parce que le thème de l'Ascension y est traité d'une façon très différente.

En fait, l'iconographie de Kars se rapproche de celle des Ascensions byzantines du IXe et du Xe siècle. Habituellement le Christ est figuré sur un registre supérieur soutenu par des anges. Au-dessous les apôtres ont des attitudes exprimant la surprise et l'adoration. La Vierge assiste souvent, mais non toujours à la scène (à la suite d'une interprétation des *Actes* I, 13). Les personnages vêtus de blanc sont figurés en anges encadrant la Vierge, mais ils peuvent manquer[6]. L'ascension figure dans les absides, sur les voûtes barlongues et surtout dans les coupoles de nombreuses églises grecques. Le premier exemple daté se trouverait dans l'église Sainte-Sophie à Salonique, fin du IXe siècle[7], mais des figurations de Cappadoce sont sans doute bien antérieures, ainsi à Balkan dere I et à la Sainte-Croix de Mavrucan[8]. Dans cette province le thème de l'Ascension a connu une grande faveur, de la fin du IXe au XIe siècle, dans les églises rupestres[9].

---

[4] L'église a été consacrée avant 1031 (d'après une inscription). Son fondateur, un prince de la famille des Pahlavunis, était de culture grecque.

[5] L'Ascension représentée dans cette église est en très mauvais état; en particulier, les Apôtres et la Vierge sont presqu'entièrement effacés, mais on sait que l'iconographie de ces peintures (datées de 915-921), est fortement influencée par Byzance (DER NERSESSIAN (S.), *Aght'amar, Church of the Holy Cross*, Cambridge (Mass.), 1964, 49). Des figurations d'autres théophanies apostoliques (cf. *infra*) ont été exécutées en Arménie à l'époque pré-arabe, comme à Ptłni (Č'UBINAŠVILI, *Recherches*, pl. 135).

[6] GRABAR (*Martyrium*, II, 177-9, 209-15) distingue l'Ascension proprement dite, où les attitudes des Apôtres sont véhémentes, comme dans l'iconographie palestinienne, des théophanies de glorification, où les attitudes sont figées, comme dans l'iconographie copte. Ultérieurement, l'iconographie se codifie dans le sens du mouvement (cf. DIDRON (M.), *Manuel d'Iconographie chrétienne…* Paris, 1845, 204).

[7] GRABAR (A.), *Iconoclasme Byzantin. Dossier archéologique*, Paris, 1957, 194-6, 256.

[8] Pour Balkan dere I, cf. THIERRY (N.), « L'église n° 1 de Balkan dere », *Synthronon…* Paris, 1968, 54-9; pour Mavrucan, cf. DE JERPHANION (G.), *Une nouvelle Province de l'Art byzantin. Les Églises rupestres de Cappadoce*, Paris, 1925-1942, pl. 176/2.

[9] Pour le IXe et le Xe siècle, chapelle n° 6 de Göreme (*Ibid.*, I, 103-5), El Nazar (*Ibid.*, I, 191-3); Kiliclar kilise (*Ibid.*, I, 227); Tokali kilise I (*Ibid.*, I, 285); Tokali kilise II (*Ibid.*,

Une autre origine géographique possible aurait pu être la Géorgie d'où de nombreux moines grégoriens s'étaient enfuis vers l'Arménie, mais il semble que l'Ascension n'y ait pas été représentée fréquemment [10].

Il paraît donc hautement probable que le schéma de la composition a été apporté en Arménie par des moines grégoriens fuyant la Cappadoce où ils avaient pu se familiariser avec l'iconographie grecque locale. Ce schéma ne semble pas avoir été bien compris par le sculpteur qui a figuré des personnages aussi peu « apostoliques » que possible. Cependant l'analyse permet, pour chacun d'eux, de retrouver le modèle original. Le personnage I, chauve et barbu, est peut-être saint Paul; le personnage II est plus énigmatique : les deux boucles encadrant son visage sont bien des serpents dont on distingue la tête renflée et le mince trait de la gueule. Nous pensons que l'artisan a confondu le bord onduleux du maphorion de la Vierge, comme on le voit à la Sainte-Sophie de Salonique, par exemple [11] (Pl. V, 2), avec un serpent, par contamination probable du thème de saint Grégoire dans le Puits Profond (cf. infra). Le personnage III est inspiré de la figuration de certains apôtres qui, dans les Ascensions byzantines [12] (Pl. V, 4), lèvent la main en signe de surprise parmi les arbres du décor. Le sculpteur a interprété l'image en en faisant une scène de cueillette par contamination probable de la scène de la faute d'Adam et d'Eve. Les personnages I, IV et VI (Pl. VI, 1) ont l'attitude caractéristique des apôtres orant ou désignant le Christ dans la plupart des Ascensions byzantines [13] (Pl. VI, 2). Les personnages V, VII, VIII, X, XI et XII, par contre, portant les mains à la poitrine, sont moins conformes à la tradition encore que cette attitude se rencontre dans certaines Ascensions, notamment en Cappadoce [14] (Pl. VI, 4). Enfin le personnage IX, tenant un instrument en T sur son épaule, est inspiré des figures de saint André ou de saint Pierre qui portent une croix [15] (Pl. V, 3). Là encore l'artisan n'a pas compris le modèle et s'est peut-être laissé influencer par les représentations arméniennes des sculpteurs ou maîtres d'œuvre portant leur outil, telles celles de Zvart'noc [16].

I, 351-2); église de Nicéphore Phocas (*Ibid.*, I, 542-3); Gorgoli (*Ibid.*, II, 122-3); Kemerli dere (*Ibid.*, II, 125-6); Karlik (*Ibid.*, II, 184); Mavrucan (*Ibid.*, II, 236); Belli kilise II (*Ibid.*, II, 301); Saint-Jean de Güllü dere (THIERRY (N. et M.), «Ayvali kilise ou Pigeonnier de Gülli dere. Église inédite de Cappadoce», *Cahiers Archéologiques*, XV, 97-154); Kokar kilise (THIERRY (N. et M.), *Nouvelles églises rupestres de Cappadoce. Région du Hasan daği*, Paris, 1963, 126-8).

[10] On ne peut citer, et encore sont-elles probabement du XIe siècle, que les Ascensions de l'église de David Garedža (AMIRANAŠVILI (Š.), *Istorya Gruzinskoï Monumental'noï Zivopisi* (Histoire de la Peinture géorgienne monumentale), I, Tiflis, 1957, pl. 50) et de Dolis Hana (Cf. THIERRY (N. et M.), «Notes d'un nouveau voyage en Géorgie turque», *Bedi Karthlisa*, XXV, 55).

[11] GRABAR, Iconoclasme, *op. cit.* (note 7), fig. 126.

[12] *Ibid.*, fig. 129; JERPHANION, *op. cit.* (note 8), pl. 30.

[13] Cf. REAU (L.), *Iconographie de l'Art Chrétien*, 2, II, Paris, 1957, 587.

[14] Ainsi à Kokar kilise (THIERRY, *Hasan daği*, *op. cit.* (note 9), pl. 62).

[15] *Ibid.*, fig. 129.

[16] AŘAK'ELYAN (B.), *Haykakan Patkerak'andaknerə IV-VII darerum* (Les Sculptures arméniennes du IVe au VIIe siècle), Erivan, 1949, fig. 55-9.

Au total, il s'agit d'une figuration des onze apôtres (ce qui est conforme aux textes canoniques), auxquels on a ajouté la Vierge[17].

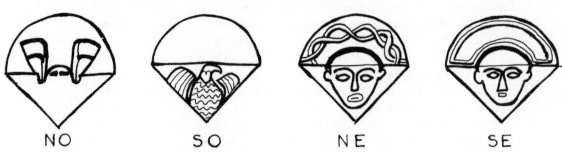

Fig. 27. Saints-Apôtres de Kars. Schéma des figures des trompes d'angle.

2. *Les figures des trompes d'angle* (fig. 27).

Dans chacun des angles du carré central, à l'extrémité supérieure du dièdre sous la trompe, se trouve encastrée une pierre en forme de demi-cône, présentant deux faces libres, l'une verticale, l'autre horizontale. Ces pierres sont sculptées grossièrement. En voici la description :

Bloc I (NO).   Sur la face verticale est profondément sculptée une tête de *bœuf* schématique dont le mufle est percé de deux narines, les yeux profondément enfoncés, les cornes ramenées vers l'intérieur (Pl. VII, 1).

Bloc II (SO). Sur la face inférieure, horizontale, est sculpté en faible relief un *aigle* vu de face, tête tournée à gauche ; sur les ailes éployées les plumes sont marquées par des incisions parallèles et sur le corps par une série de lignes ondulées (Pl. VII, 2).

Bloc III (SE). Sur la face inférieure est figurée une tête d'homme dont le crâne, apparemment chauve, déborde sur la face verticale, les oreilles sont petites, les yeux grands ouverts, le nez et la bouche à peine marqués. La face verticale est ornée d'un boudin maladroit cernant le haut de la tête (Pl. VII, 4).

Bloc IV (NE). Sur la face inférieure figuration identique d'une tête d'*homme*. Sur la face verticale, un entrelac à deux brins (Pl. VII, 3).

Ces quatre figures sont évidemment celles des évangélistes, en dépit de la présence de deux têtes humaines, l'une d'elles remplaçant le lion (Marc) manquant. Comment expliquer cette anomalie? Nous ne pensons pas qu'elle soit due à l'incompréhension du sujet par le sculpteur[18]. Il est vraisemblable

[17] Cf. DE JERPHANION (G.), «Quels sont les douze apôtres dans l'iconographie chrétienne», dans *La Voix des Monuments*, Paris, 1930, 189-200.
[18] Comme on le verra *infra*, le thème est correctement réalisé dans plusieurs autres monuments

que la tête du lion, qui devait se trouver là, ayant disparu, le restaurateur l'a remplacée par une tête humaine, soit que la signification de l'animal ait été oubliée, soit que le symbole ait été délibérément abandonné au profit d'une représentation humaine des évangélistes courante dans le monde byzantin au bas Moyen-Age.

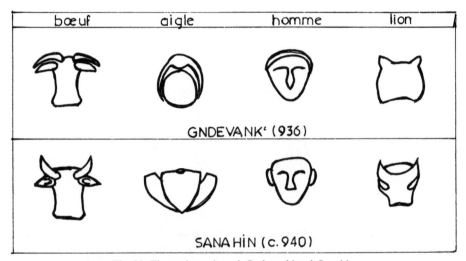

Fig. 28. Figure des apôtres à Gndevank' et à Sanahin.

Cette figuration des animaux symboles des évangélistes s'observe dans quelques autre églises arméniennes (fig. 28) :

a) A Gndevank', dans l'église des Saints-Martyrs, édifiée en 936 par la princesse Sop'i (Sophie), épouse d'un prince de Siounie[19], les figurations sont plus schématiques encore :

La tête d'homme est à peine esquissée, la chevelure marquée par un mince bourrelet ; la tête de *bœuf* a un mufle bien dessiné au-dessus duquel quatre bourrelets marquent les cornes et les oreilles ; l'*aigle* est figuré par un segment de sphère schématisant le corps entouré d'un boudin arqué, renflé au centre, schématisant les ailes et la tête ; le *lion* est représenté par une masse informe surmontée de deux points figurant sans doute les oreilles.

b) A Sanahin, dans l'église de la Mère de Dieu, considérée comme une fondation du roi Abas *circa* 940[20], les figurations sont du même type :

arméniens de la même époque, ou plus tardifs (En Siounie, au XIVᵉ siècle, l'identité évangéliste est attestée par inscription à Noravank' d'Amağu).

[19] MNAC'AKANYAN, *Siounie*, 48-51, 238.

[20] JEAN DE CRIMÉE, *Histoire du célèbre couvent de St Nichan de Haghbat'* (en arménien), Vienne, 1965 ; cf. XALPAXC'YAN (O.X.), *Sanahin Arkitekturnyi Ansamble Armenii X-XIII vekov* (Sanahin. Un ensemble architectural arménien du Xᵉ au XIIIᵉ siècle), Moscou, 1973, fig. 14-17.

La tête de l'*homme* est chauve, les traits à peine esquissés ; la tête du *bœuf* est assez réaliste, les cornes sont relevées, les oreilles ourlées, le mufle saillant, mais les yeux manquent ; l'*aigle* est figuré comme une masse ovoïde flanquée de deux saillies hélicoïdales schématisant les ailes ; le *lion* est mal rendu, la mâchoire est à peine dessinée, les yeux sont bridés et les oreilles trop effilées.

c) A Kümbet kilise, qu'on peut dater de la seconde moitié du Xe siècle[21], les figurations sont un peu différentes :

La tête de l'*homme* est encadrée d'une abondante chevelure ; l'*aigle* vu de face est de style byzantin ; le *lion* et le *bœuf* sont indiscernables l'un de l'autre, tous deux sont en buste saillant nettement du mur.

Fig. 29. Makaravank'. Ancienne église (Xe siècle). Figure dans un pendentif (schéma).

d) A Makaravank', dans la petite église, considérée comme du Xe siècle, on remarque, sur le pendentif nord-est, la figure complète d'un bœuf (fig. 29) et, sur le pendentif sud-est, la silhouette d'un buste humain ; les autres figures sont effacées.

e) Dans le Vayoc'jor, au XIVe siècle, on voit quelques figures des évangélistes : à Arēni, dans l'église de la Mère de Dieu datée de 1321[22], les animaux symboles sont représentés en entier, portant de longues ailes, dans un style totalement différent des précédents ; à Spitakavor, dans l'église du même nom (1321), à Noravank' d'Amaǧu dans l'église Burt'elašēn (1339).

Ainsi peut-on avancer l'idée que le thème des évangélistes figurés sous forme animale dans les trompes a connu un certain succès au Xe siècle en Arménie. Il existe une indéniable parenté entre les figurations de Kars, de Gndevank' et surtout de Sanahin qui, nous l'avons dit, aurait eu le même fondateur que la Cathédrale de Kars, le roi Abas.

Mais l'origine du thème ne semble pas autochtone ; en tous cas nous n'en connaissons pas d'exemple dans la période pré-arabe.

[21] THIERRY, *Kars*, 77-8 ; fig. 8-11.

[22] EŁIAZARYAN (H.), *Azizbekovi Šrǰani Kulturayi Hušarǰannerə* (Monuments culturels de la région d'Azizbekov), Erivan, 1955, 18 ; STEPANYAN (N.) et TCHAKMATCHIAN (A.), *L'Art décoratif de l'Arménie médiévale*, Leningrad, 1971, 39, fig. 93-97.

[23] Les évangélistes sont représentés sous leur forme animale, dans un style réaliste : bustes ailés dans le mausolée de Galla Placidia (*circa* 450), dans le baptistère de la cathédrale de Naples (470-490), dans la chapelle de l'Archevêché de Ravenne (494-519). Cf. BETTINI (S.), *Pittura delle Origine cristiane*, Novare, 1942, pl. 50, 57-58, 61.

Comme pour la figuration des apôtres sur le tambour, nous pensons que la source est byzantine. Sur mosaïque, la figuration des animaux symboles, en buste, les ailes éployées, est connue depuis le Ve siècle en Italie[23]. En sculpture, il en existe un exemple du VIe siècle en Thrace[24]. Mais ultérieurement, c'est la figuration des évangélistes sous leur forme humaine qui sera préférée et il en est ainsi en Cappadoce, pour des monuments du IXe au XIe siècle[25].

On remarquera que les figurations grecques des animaux symboles et les figurations arméniennes sont fort éloignées aussi bien dans le temps que dans l'espace et ce hiatus rend certainement suspecte la filiation que nous proposons[26].

3. *Les figures des écoinçons intérieurs.*

L'espace séparant les arcs de l'octogone de la base du tambour est marqué par une série d'arcatures sans appui dont les écoinçons sont ornés de coquilles à cinq rainures[27]. Au-dessous des coquilles, les quatre écoinçons occidentaux présentent, en cul-de-lampe, des figurations animées qui sont du nord au sud :

I.   Une tête humaine, chauve aux oreilles décollées, au gros nez épaté et dont la bouche n'est pas marquée (Pl. VII, 5b).

II. Une tête humaine portant une coiffure (?) ; les arcs des sourcils sont bien marqués, le nez est mince, la bouche à peine dessinée (Pl. VII, 5a).

III. Une tête de bélier dont le museau est fin, les oreilles saillantes, les cornes enroulées en dedans (Pl. VII, 5b).

IV. Une tête de bovidé (?) à gros mufle, cornes tombantes, oreilles à peine marquées (Pl. VII, 5c).

Le style est le même que dans la figuration des animaux symboles (les yeux des figures humaines, le mufle du bovin) ; toutes ces sculptures sont probablement de la même main.

Le fait qu'il n'y ait pas de figure sur les écoinçons orientaux peut s'expliquer par une chute partielle des superstructures suivie d'une restauration économique. Mais la signification des figures restantes nous échappe. Peut-être du reste, n'y a-t-il pas de symbole à chercher. Il peut s'agir d'une pure décoration comme celle de la corniche de la Sainte-Croix d'Ałt'amar[28] ou de certaines églises du Tao[29].

---

[24] EYICE (S.) et THIERRY (N.), « Le monastère et la source sainte de Midye en Thrace turque », *Cahiers Archéologiques*, XX, 69.

[25] Aux églises de Kiliclar et d'El Nazar (JERPHANION, *Cappadoce, op. cit.* (note 8), I, 180, 207.

[26] Nous pensons que les maillons manquant devaient se trouver dans des monuments paléochrétiens des grandes métropoles de Cappadoce, aujourd'hui disparus.

[27] Les coquilles rappellent les trompillons de quelques églises préarabes comme Sainte-Gayane de Vałaršapat (cf. Č'UBINAŠVILI, *Recherches*, pl. 43).

[28] DER NERSESSIAN, *Aght'amar, op. cit.* (note 5), pl. 16.

[29] Notamment à Dört kilise, basilique de la fin du IXe siècle ou du début du Xe, où l'on voit sur la tribune, placées d'une façon identique au cul-de-lampe d'un écoinçon, deux têtes de bélier.

Fig. 30. Saints-Apôtres de Kars. Oculus nord-ouest. Saint-Grégoire (schéma).

4. *La figure de l'oculus nord-ouest* (fig. 30, Pl. VIII, 2).

L'oculus est ménagé dans deux plaques du parement extérieur dont les bords sont entaillés en demi-cercle. La plaque supérieure est ornée d'une étrange sculpture, en mauvais état, rongée par les pluies, mais parfaitement reconnaissable, bien qu'elle n'ait jamais été signalée par les voyageurs. Au centre on voit un buste masculin ; la face est épatée ; le crâne, plat, est surmontée d'une chevelure courte ; le nez est large, les oreilles décollées ; le vêtement tombe en gros plis. De part et d'autre, deux serpents en boucle accostent son visage à la hauteur des oreilles. Le tout est entouré d'un cadre marqué par deux boudins.

Du point de vue stylistique, on retrouve ici la maladresse observée dans les figurations des apôtres sur le tambour de la même église et la façon de représenter les serpents (personnage II) est identique[30].

Du point de vue iconographique, la signification du sujet est plus difficile à affirmer. On rencontre un sujet similaire à Tat'ew au-dessus d'une fenêtre et de deux niches de l'église des Saints Pierre et Paul, datée de 906[31]. Nous pensons qu'il s'agit de saint Grégoire l'Illuminateur assailli par des serpents dans le Puits Profond (Xor Virap) ainsi que l'a rapporté Agathange[32]. Pour avoir refusé d'apostasier, Grégoire fut jeté, par le roi Tiridate III, dans un puits

---

[30] Le serpent lové en une boucle est assez caractéristique de l'époque ; on le voit, en particulier, à Çengelli kilise, église située à 40 km au sud de Kars (THIERRY, *Kars I*, *RÉArm*, III, fig. 21).

[31] L'église a été construite entre 895 et 906 par Hovhannes III, évêque de Siounie (cf. MNAC'AKANYAN, Siounie, 102). Pour cet auteur, il s'agirait des portraits de princes siouniens (MNAC'AKANYAN (S.), *Haykakan ašxarhik patkerak'andakə IX-XIV darerum* (La sculpture profane arménienne du IXe au XIVe siècle), Erivan, 1976, 16-7).

[32] XI, 54 ; XX, 90-1 (*CHAMA*, I, 133, 151-2).

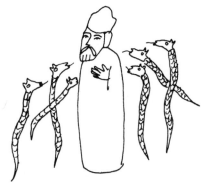

Fig. 31. Saint Grégoire dans le puits. Miniature du manuscrit Mirzayants. XVIIe siècle? (schéma).

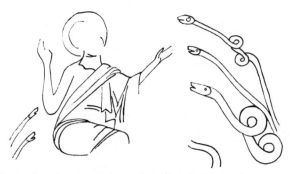

Fig. 32. Saint Grégoire dans le puits. Peinture à Saint-Grégoire de Tigran Honenc'. 1215 (schéma).

grouillant d'ophidiens. Il survécut miraculeusement, les serpents n'ayant pas osé le mordre, tandis qu'il était nourri clandestinement par une femme. La figuration de Grégoire entre les serpents n'est pas courante; nous en connaissons cependant deux exemples tardifs, une miniature d'un manuscrit (n° 1, f° 46) de la collection Mirzayantz de Marseille[33] (fig. 31) et une peinture murale de l'église Saint-Grégoire de Tigran Honenc' à Ani[34] (fig. 32). La composition de notre sculpture s'écarte notablement des compositions précédentes beaucoup plus réalistes. Ici le hiératisme et la symétrie suggèrent l'influence des figurations de Daniel entre les lions, thème fréquent à l'époque paléo-chrétienne. On en voit un exemple particulièrement évocateur à Mren, édifice du VIIe siècle[35]. Cette attraction apparaît

[33] MACLER (F.), «Notices de manuscrits arméniens ou relatifs aux Arméniens vus dans quelques bibliothèques de la Péninsule Ibérique et du sud-est de la France», *RÉArm*, 1re série, II, 241, fig. 15: manuscrit de 1711 provenant de la région de Naxčewan.

[34] L'église est datée de 1215. Cette peinture n'est pas publiée; elle représente Grégoire ligoté que des bourreaux jettent dans une fosse (le Puits Profond) pleine de serpents; la femme qui le nourrira est déjà penchée sur la margelle.

[35] Cf. THIERRY (N. et M.), «La cathédrale de Mren et sa décoration», *Cahiers Archéologiques*, XXI, fig. 11i, 12.

d'autant plus vraisemblable que les circonstances d'incarcération de Daniel étaient à peu près les mêmes que celles de Grégoire, à l'espèce animale près.

Dans cette composition, comme pour le personnage II du tambour, on remarque la position des serpents au contact des oreilles. Rappelons, sans affirmer la filiation, que certaines figures de damnés du Jugement Dernier de l'icono-graphie grecque sont ainsi accostées de serpents : ce sont les femmes « *qui n'ont pas écouté* (obéi) » dont les oreilles sont mordues[36].

5. *Plaque encastrée dans la façade sud* (Pl. VIII, 3).

Assez haut dans la paroi, une plaque rectangulaire encastrée est sculptée, en faible relief, d'un lion passant à gauche, tête dressée, patte droite avant levée. Le lion est souvent figuré, à l'époque pré-arabe, soit dans des scènes de chasse dérivées de l'antique, soit dans la figuration de Daniel dans la fosse. Presque toujours l'animal est représenté (avec plus ou moins de maîtrise) de façon réaliste, crinière touffue et bouclée, pattes griffues, queue flexueuse[37]. Après le reflux arabe, la figuration est stylisée, la bête est figée, sans détail ana-tomique, souvent la tête, circulaire, est comme tracée au compas[38].

Ici, les babines sont nettement dessinées et ce type paraît d'origine arabe. En tous cas, il existe une représentation identique à la porte de Harput à Diyarbakir, qu'une inscription date de 909-910[39].

B. LA SCULPTURE DÉCORATIVE

La décoration intéresse les corniches, les arcatures du tambour, les arcs des fenêtres, les chapiteaux-imposes des arcs intérieurs de la cathédrale. Les parois extérieures sont encastrées de quelques khatchkars.

1. *Les corniches* (Pl. I, 2).

a) La corniche supérieure court sous la coiffe de la coupole. C'est un simple biseau orné d'un entrelac courbe à quatre brins triples (fig. 33b). Cet entrelac dérive probablement des entrelacs de corniche du VIIᵉ siècle réalisant à cette époque le décor dit « en vannerie » où les changements de direction des brins se font de façon non pas courbe mais angulaire. Ainsi en est-il à Artik, à Zvart'noc, à Aruǰ, à Zorawor, à T'alin, à Sisian[40] : tous ces entrelacs sont à

---

[36] THIERRY, *Hasan daği, op. cit.* (note 9), pl. 50a.

[37] Par exemple à Ptłni (AŘAK'ELYAN, *Sculptures, op. cit.* (note 16), fig. 46.

[38] Par exemple à Hahul (BALTRUŠAITIS (J.), *Études sur l'Art médiéval en Géorgie et en Arménie*, Paris, 1929, pl. LXIII ; THIERRY (N. et M.), « Notes d'un voyage de Géorgie turque », *Bedi Karthlisa*, VIII-IX, 17).

[39] VAN BERCHEM (M.) et STRZYGOWSKI (J.), *Amida*, Heidelberg, 1910, pl. III/1.

[40] TOKARSKI, *ArchArm*, 162, pl. VIII/37a.

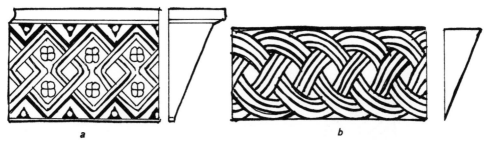

Fig. 33. Saints-Apôtres de Kars. Corniches : *a*) inférieure, *b*) supérieure.

quatre brins triples. L'entrelac courbe est plus rare ; il se rencontre à Irind au VIIe siècle, mais il est à deux brins seulement[41].

b) La corniche inférieure (fig. 33a) cerne le carré central et les exèdres. Sa forme est classique[42] : c'est une corniche monobloc dont le larmier est un simple bandeau surplombant le chanfrein ; celui-ci est orné de losanges enchaînés avec, dans les champs intermédiaires, des rosettes à quatre pétales. Nous n'avons trouvé aucun autre exemple de ce décor, ni dans les monuments arméniens préarabes ni dans les monuments grecs ou musulmans contemporains.

2. *Les arcatures du tambour* (Pl. I, 2).

Chacune des 12 fenêtres du tambour est cernée par une arcature. Celle-ci est formée par un arc plein-cintre, large et plat, appuyé sur deux chapiteaux-imposes reposant sur de robustes demi-colonnes engagées. Colonnes et chapiteaux sont jumellés avec leurs voisins (fig. 34a).

Cette disposition d'arcatures cernant le tambour est une acquisition du Xe siècle. Auparavant, il y avait bien déjà des arcatures, mais elles n'intéressaient que les absides. On connaît les arcatures de tambour de l'église de Dolis Hana[43], datée de 954-958, de celle de Zarinj, attribuée au Xe-XIe siècle[44], de Xnevank' attribuée au Xe siècle[45]. Elles connaîtront une grande fortune ultérieurement en Arménie du Nord.

Les arcatures de Kars sont ainsi décorées :

a) Les colonnes engagées sont sculptées d'une assez grossière torsade (fig. 34a).

b) Les chapiteaux-imposes sont « en écusson » comme dans les monuments du VIIe siècle ; c'est un archaïsme certain, car, dès le Xe siècle, les chapiteaux ont un épais tailloir avec corbeille en boudin[46].

[41] *Ibid.*, pl. VIII/36a.

[42] KHATCHATRIAN, *ArchArm*, 48-50.

[43] THIERRY, *Géorgie, art. cit.* (note 10), 54-6.

[44] STRZYGOWSKI, *Baukunst*, 101, fig. 91 ; 517, fig. 556.

[45] Č·UBINAŠVILI, *Recherches*, pl. 89.

[46] TOKARSKI, *ArchArm*, 150, fig. 59.

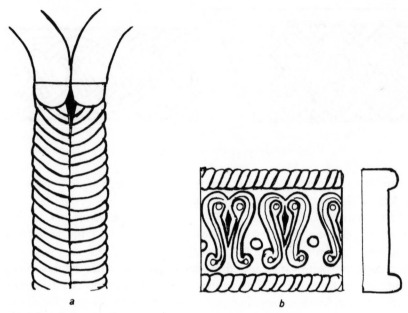

Fig. 34. Saints-Apôtres de Kars. Arcatures du tambour. *a*) Colonnes engagées, *b*) Arcs.

c) Les arcs sont sculptés, entre deux grêles boudins torsadés, d'un curieux décor (fig. 34b). C'est une sorte de palmette courte et étroite de la racine de laquelle partent deux tiges en S. Deux boutons marquent la base de la palmette. Ce décor ne se rencontre, dans l'art décoratif arménien, que dans un arc de fenêtre de l'église des Apôtres Pierre et Paul de Tat'ew, datée de 895-906 (fig. 35c). Les palmettes de Širakavan (circa 892) (fig. 35b) et de Dolis Hana (954-958)[47] s'en rapprochent certes quelque peu, mais sont, malgré tout, d'un style différent (fig. 35a). Néanmoins ces quelques exemples prouvent qu'il y avait, à la fin du IXe siècle et au début du suivant, une recherche dans le renouvellement du décor. Il faut, croyons-nous, en rechercher l'origine dans l'art abbasside. On retrouve, en effet, le motif, beaucoup plus savant, beaucoup plus soigné dans la décoration murale du palais d'al-Mu'tasim à Samara, daté de 833-842 (fig. 36b) et, au Caire, sur les arcatures de la mosquée d'Ibn Tulun, datée de 876[48] (fig. 36a).

Le décor de Kars n'aura pas de suite, tout au moins dans les arts transcaucasiens. Contrairement à J. Strzygowski, nous ne pensons pas possible de comparer les palmettes de Kars avec celles de la cathédrale de Koutaïs (1003) qui sont cernées d'un tortueux entrelac[49].

[47] Pour Širakavan : Č·UBINAŠVILI, *Recherches*, pl. 147 ; pour Tat'ew : MNAC·AKANYAN, *Siounie*, 111, fig. 69.

[48] Cf. VIOLLET (H.), *Fouilles à Samara en Mésopotamie. Un palais musulman du IXe siècle*, Paris, 1911, pl. XI ; SALADIN (H.), *Manuel d'Art musulman*, Paris, 1907, 82, fig. 47.

[49] STRZYGOWSKI, *Baukunst*, 80.

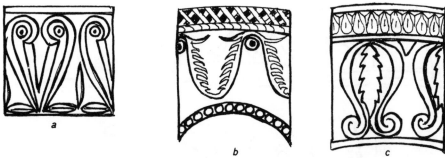

Fig. 35. Palmettes arméniennes des IXe et Xe siècles. *a*) Doliş Hana, *b*) Širakavan, *c*) Tat'ev.

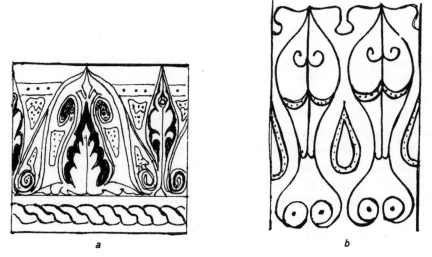

Fig. 36. Décors abbassides. *a*) Mosquée Ibn Tulun, *b*) Samara.

3. *Les arcs des fenêtres.*

Les fenêtres de Kars sont, dans leur conception, conformes au type observé à l'époque pré-arabe. Ce sont des fenêtres cintrées dont l'extrémité supérieure est cernée par un arc sculpté prolongé latéralement par deux impostes. C'est le reliquat de l'arc de décharge des constructions appareillées qui ne joue ici qu'un rôle purement décoratif. Tous les arcs ne sont pas sculptés et il est possible qu'il y ait eu des restaurations économiques expliquant cette carence, notamment sur la façade nord. Pour le reste, le décor est varié :

a) Décor d'arcatures (fenêtre centrale sud) : entre deux bordures faites chacune d'un boudin et d'un bandeau sont figurées des arcatures en demi-cercles juxtaposés, avec, dans les écoinçons, des boutons (fig. 37a). Ce décor rappelle celui

Fig. 37. Saints-Apôtres de Kars. Arcs des fenêtres (schémas).

qu'on observe au VIIe siècle à Alami et à Artik, avec cette différence que les arcs sont, là, outrepassés [50].

b) Décor en dents de scie (fenêtre gauche de la façade sud): entre deux bandeaux sont sculptés des denticules (fig. 37b, Pl. VIII, 6) visiblement inspirés d'un décor de l'église d'Artik qui est ici simplifié [51].

c) Décor de palmettes (fenêtre est): entre deux bandeaux sont figurées des palmettes d'où partent deux tiges en S. C'est une simplification du décor des arcatures du tambour, également uniques et dont l'origine arabe est tout aussi probable (fig. 37c, Pl. VIII, 5).

d) Décor en demi-cercles enchaînés (fenêtre ouest): entre deux boudins sont sculptés des demi-cercles à concavité inférieure dont les extrémités sont renflées et recourbées comme les bracelets antiques. Peut-être faut-il y voir une repro-duction maladroite de certains arcs enchaînés aux extrémités pommées ou ornées d'un fleuron, comme à Aruǰ, à Ptłni, à Sainte-Gayane, à Adyaman, tous monuments du VIIe siècle [52] (fig. 37d).

e) Décor de boutons (réemploi (?) dans une maison voisine): entre une bordure extérieure par un double boudin et intérieure par un boudin simple, sont sculptés des boutons en forme de demi-sphère, comme on en voit à Lmbatvank', monument du VIIe siècle [53] (fig. 37e). Cet arc se trouve actuellement encastré dans une maison voisine de la cathédrale. Il provient sans doute de cette église.

[50] TOKARSKI, *ArchArm*, 152, fig. 60 h; 159, pl. V/b.
[51] *Ibid.*, 155, pl. I/3.
[52] *Ibid.*, 158, pl. IV/15a et b.
[53] *Ibid.*, pl. IV/17b.

4. *Chapiteaux-impostes intérieurs.*

Les arcs des exèdres reposent sur les piliers engagés par des chapiteaux impostes à deux faces libres. Ils sont constitués d'une abaque en forme de bandeau surmontant une gorge concave enrichie d'un décor lancéolé rappelant des feuilles. Cette gorge est séparée par un listel d'un double boudin torsadé

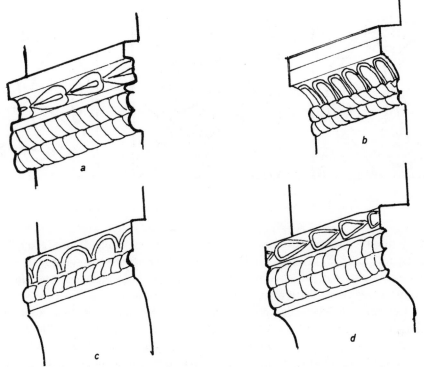

Fig. 38. Chapiteaux-impostes arméniens du Xᵉ siècle. *a*) Saints-Apôtres de Kars, *b*) Église n° 40, d'Ani, *c, d*) Saint-Menas d'Horomosivank' (schémas).

(fig. 38a, Pl. VIII, 1). Là encore cette forme et ce décor apparaissent isolés dans l'art décoratif arménien. Aucun antécédent probant ne peut être décelé dans les monuments pré-arabes et, ultérieurement, l'art arménien du XIᵉ au XIIIᵉ siècle ne le retiendra pas. Nous avons cependant trouvé un aspect très voisin dans l'église rouge (n° 40) d'Ani (fig. 38b) fondée (?) au VIIIᵉ siècle, reconstruite au Xᵉ-XIᵉ et restaurée au XIIIᵉ, et dans l'église Saint-Menas d'Horomos, du second quart du Xᵉ siècle[54] (fig. 38c,d).

[54] TOKARSKI (N.), «Čartarapetakan ezaki hušarjan Anii 1911t' Pełumnenc» (Un monument architectural unique découvert pendant les fouilles d'Ani en 1911)», *Haykahan Arvest* (L'Art arménien), I, Erivan, 1974, 7-22, fig. 12, 23.

5. *Les khatchkars.*

Plusieurs khatchkars[55] ornent çà et là les parois :

a) Certains reproduisent les croix paléo-chrétiennes, croix à branches égales à extrémités élargies et concaves (croix de Malte), cernées d'un cercle en méplat

a   b   c

Fig. 39. Saints-Apôtres de Kars. Khatchkars encastrés (schémas).

rappelant la couronne triomphale[56] (fig. 39a,c) ou d'une figure géométrique combinant losange et carré[57] (fig. 39b). Il ne faut pas s'étonner de cet apparent archaïsme, ni envisager un quelconque réemploi, ce type de croix n'ayant jamais cessé d'être reproduit dans l'art arménien[58].

b) Certains rappellent les croix latines mais en fait leurs bras sont symétriques deux à deux. La forme des extrémités est moins simple. Elle est, dans un cas, losangique et le contours cernant la croix est assez compliqué ; les amateurs de symbolisme ne manqueront pas d'y voir le plan même de l'église des apôtres (fig. 40b). Dans un autre (fig. 40a), elle est pommée.

c) Nous rapprochons de ces khatchkars des figures étoilées à six branches (fig. 41, Pl. VIII, 4), décor qui n'existe pas dans la sculpture arménienne pré-

[55] Les khatchkars (xač'k'ar) ou croix de pierre sont des petits monuments à usage funéraire ou votif, placés sur les tombes des cimetières ou encastrés dans les murs des églises par des pèlerins ou des participants à la construction.

[56] Par exemple sur la reliure du célèbre évangéliaire d'Ējmiacin (ARAK'ELYAN, *Sculptures, op. cit.* (note 37), fig. 36 ; à Mcxeta (*Ibid.*, fig. 40).

[57] Cadre connu au VIᵉ siècle dans l'art syrien comme à Brad (LASSUS (J.), *Sanctuaires chrétiens de Syrie…*, Paris, 1947, pl. LV/4).

[58] Ainsi en est-il au Vaspurakan, à Poṙ, sur des khatchkars de la fin du XVᵉ siècle (THIERRY (M.), « L'Église Saint-Anania de Poṙ », *Handēs Amsorya*, LXXXIX, 189-95, fig. 8-10), à Xnjorgin au XVIᵉ et au XVIIᵉ siècle (CUNEO (P.), *Le Basiliche di T'ux, Xncorgin, Pašvack', Hogeac'vank'*, Rome, 1973, fig. 55-57).

Fig. 40. Saints-Apôtres de Kars. Khatchkars encastrés (schémas).

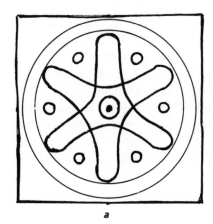

Fig. 41. Saints-Apôtres de Kars. Étoiles encastrées (schémas).

arabe mais pourrait être d'inspiration antique par l'intermédiaire de l'art syrien[59] ou de l'art omeyyade[60].

[59] A Brad (LASSUS, *Sanctuaires*, *op. cit.* (note 57), *ibid.*).

[60] CRESWELL (K.A.C.), *Muslim Architecture... Part One. Umayyads...*, Oxford, 1932, 211, fig. 268.

CONCLUSIONS

La cathédrale de Kars est purement arménienne dans son architecture. Sa structure carrée tétraconque, en plan et en élévation, trouve certes ses éléments constitutifs dans le fond gréco-romain et, à un moindre degré, dans le fond iranien, mais la synthèse est le propre des architectes arméniens.

Le plan, qui rappelle, en en amplifiant les proportions, les martyria paléochrétiens, a été voulu par le roi Abas, son fondateur, probablement parce que, ayant acquis des reliques des apôtres, précieuses entre toutes, il entendait leur donner un «écrin» en rapport avec leur valeur[1]. Aucun texte historique n'affirme cette hypothèse, mais il faut remarquer qu'une autre église dédiée aux Apôtres, construite à Ani un peu plus tard, avait également un plan martyrial[2].

En dépit de la clarté de son plan et de sa symétrie, le type de carré tétraconque ne survivra point au royaume d'Arménie; il subira en cela le sort de la plupart des plans rayonnants, remplacés par la salle à coupole qui s'impose dès le Xe siècle. Pourtant quelques églises de Bohême plus tardives réaliseront ce plan[3], mais on voit mal comment l'influence arménienne aurait pu s'exercer si loin sans l'intermédiaire de jalons byzantins qui nous manquent[4].

La sculpture retiendra davantage notre attention. Comme le plus souvent en Arménie, le sculpteur est plus à l'aise dans la décoration que dans la figuration animée qui est vraiment très pauvre du point de vue du style et de la technique. Mais ce qui est sans doute plus intéressant c'est la variété des sources d'inspiration. Si l'architecte a très fidèlement copié l'église de Mastara, les sculpteurs ont puisé un peu partout et trois sources peuvent être décelées :

a) La source arménienne pré-arabe.

Le fond décoratif arménien du VIe et du VIIe siècle a été sollicité préféren-

---

[1] L'expression d'«écrin» pour désigner l'église destinée à recevoir et conserver des reliques est de A. Grabar (GRABAR, *Martyrium*, I, *passim*). Du reste on peut voir dans plusieurs trésors d'églises des reliquaires ayant la forme d'église à coupole de plan central dont la structure rappelle parfois de très près celle de l'église des Saints-Apôtres de Kars (Pl. IV, 3).

[2] Cf. p. 48, note 4.

[3] STRZYGOWSKI, *Baukunst*, 743, 758-9. Pour l'auteur, l'influence arménienne est certaine. Il y avait bien des colonies arméniennes en Bohême, mais incomparablement moins nombreuses qu'en Roumanie ou en Pologne. Pour cette raison, elles n'ont guère pu exercer d'influence artistique sur le milieu ambiant.

[4] On sait que pour Strzygowski (*Ibid.*, 766-7) cette «Wanderung der armenischen Bauform nach Europa» ne faisait aucun doute. Il attribuait la construction de Sainte-Sophie de Constantinople, de Saint-Vital de Ravenne à des architectes arméniens et, toujours d'après lui, si le plan carré tétraconque simple n'a pas eu de suite en Europe, des édifices tels que Germigny des Près et S. Satiro de Milan sont inspirés du plan d'Èjmiacin II. Cette hypothèse qui ne se base que sur de vagues similitudes de forme n'a reçu aucune confirmation scientifique.

tiellement, mais l'absence de maîtrise des artistes a altéré, en les simplifiant, les modèles primitifs. On peut, malgré tout, discerner, ainsi que nous l'avons dit plus haut, l'origine de la plupart d'entre eux. On observera qu'on retrouve quatre des motifs décoratifs de l'église d'Art'ik reproduits avec plus ou moins de bonheur à Kars. Par contre, aucun des motifs de Mastara ne paraît avoir été retenu.

Cette tendance archaïsante n'est pas isolée dans l'art décoratif arménien à l'aube du Xe siècle. En ce qui concerne la décoration des fenêtres on la trouve à Saint-Georges de Goms et à Noratus, par exemple [5].

b) La source arabe.

Sans nul doute, le fond abbasside a fourni au sculpteur de Kars le canevas des motifs ornant les arcatures du tambour et l'arc d'une fenêtre; peut-être en a-t-il inspiré d'autres, comme les motifs étoilés.

Il convient, à ce propos, de rappeler que le royaume d'Ani restait vassal du Califat. En dépit de la décadence politique de ce dernier, les rapports économiques et culturels restaient étroits [6]. Le raffinement de la cour de Samara et la splendeur de ses monuments avaient vivement frappé, au IXe et au Xe siècle, le monde oriental qu'il soit chrétien ou musulman. L'église de la Sainte-Croix d'Ałt'amar est l'exemple le plus célèbre de l'influence que l'art arabe a exercée sur l'Arménie [7].

c) La source byzantine.

Au siècle dernier, on considérait volontiers l'art arménien comme une branche provinciale, rustique de l'art byzantin [8]. J. Strzygowski, en démontrant l'originalité de l'Arménie sur bien des points essentiels, aboutit, par des hypothèses audacieuses et des extrapolations à partir de bases erronées, à la conception d'une prééminence de l'art arménien, source principale de l'art byzantin et des arts occidentaux (roman et gothique), l'influence s'exerçant en sens inverse de ce qu'on admettait autrefois. Cette théorie eut un retentissement considérable, princi-

---

[5] Pour Saint-Georges de Goms, daté *circa* 905, cf. THIERRY, *Monastères. VI, RÉArm*, IX, 159-63, fig. 26-29; pour Noratus, daté *circa* 900, cf. MNAC'AKANYAN, *Siounie*, 93, fig. 57.

[6] Les finances arméniennes dépendaient du système monétaire arabe. Les costumes des princes arméniens étaient copiés sur ceux des dignitaires abbassides : larges turbans, robes fendues en avant et brodées de motifs géométriques restèrent en usage jusqu'à la conquête turque (cf. THIERRY, *Monastères II, RÉArm*, 73-4, 77-9, pl. XXXII-XXXIV). Les mœurs elles-mêmes s'arabisaient (cf. par exemple la vie quotidienne d'un prince arménien, Grigor Derenik II dans DARBINYAN-MELIKYAN (M. O.), *Istorya Anonimnogo Povestvovatelya. Psevdo-Šapux Bagratuni* (Histoire du conteur anonyme, le Pseudo-Šapuh Bagratuni), Erivan, 1971, 109-13).

[7] DER NERSESSIAN, *Aght'amar, op. cit.* (note 5), 31-5. Cette influence est patente dans certaines sculptures (Adam et Eve) et plus encore dans les peintures.

[8] Cf. par exemple MOURIER (J.), *L'Art religieux au Caucase*, Paris, 1887.

palement dans les milieux arméniens. Elle ne résiste cependant pas à une rigoureuse critique historique, ce que n'avait pas fait l'archéologue viennois.

Il apparaît que l'influence de l'Arménie sur l'art byzantin a été beaucoup
moins profonde que ne l'a affirmé Strzygowski et, à l'inverse, que les marques
d'une influence grecque sur l'art arménien ne sont pas totalement absentes,
notamment, au milieu du VIIe siècle, après la victoire d'Heraclius sur les Perses.
Elle est bien connue historiquement sur le plan diplomatique et religieux[9];
elle est claire sur le plan archéologique[10]. Au Xe siècle, les Byzantins désirant
consolider leurs premiers succès en Asie Antérieure s'assurèrent de l'appui du
roi Smbat II; cette alliance arménienne, conclue en 920, fut en fait une
neutralité expectante, que vinrent conforter les victoires impériales d'Erzeroum
et de Mélitène dans le second quart du Xe siècle[11].

L'influence byzantine connut son apogée durant le patriarchat de Vahan
de Siounie (966-969), lequel introduisit les Images dans les églises, ce pour-
quoi, du reste, il fut déposé. C'est qu'en effet le clergé, surtout le petit clergé,
était resté réticent devant cette alliance des princes laïcs, dictée par des conditions politiques et militaires, mais qu'il considérait comme contre-nature.
Nous avons vu plus haut que l'alliance n'avait pas empêché les persécutions
contre les Arméniens résidant dans l'Empire. Grecs et Arméniens se considéraient
mutuellement comme des païens. L'opposition religieuse restait donc très vive
et ne prédisposait pas a priori à des rapports étroits sur le plan culturel.
Mais nous avons dit plus haut que même les religieux chassés d'Anatolie ou
de Géorgie s'étaient faits les vecteurs inconscients de la culture byzantine. En ce
qui concerne Kars, il faut se rendre à l'évidence : des figurations telles que les
apôtres de l'Ascension sur le tambour et les animaux symboles des évangélistes
sur les trompes ne peuvent guère avoir eu d'autre origine que byzantine. Il a
fallu, bien entendu, que le maître d'œuvre opère une transposition de la
figuration peinte à la figuration sculptée, ce qui implique à notre avis l'existence
d'un modèle dessiné d'un schéma analogue à ceux, plus tardifs, qui ont été
récemment publiés[13].

L'influence grecque n'eut guère l'occasion de s'exercer ultérieurement. La tension
religieuse persistait, toujours aussi vive. De plus les rois d'Arménie com-
mencèrent à s'inquiéter de l'expansionnisme impérial alors qu'ils pensaient n'avoir
plus rien à redouter d'un Califat dégénéré. Il n'y eut pas de rupture éclatante,
mais à la fin du Xe siècle, le roi d'Arménie, contrairement au roi du Vaspurakan,
évita les rencontres avec l'empereur et l'art arménien d'Ani témoigne, par l'absence

[9] GROUSSET, *Arménie*, 282-7.
[10] THIERRY, *Mren*, *art. cit.* (note 35 chapitre IV).
[11] GROUSSET, *Arménie*, 475-6.
[12] *Ibid.*, 486-7.
[13] DER NERSESSIAN, *Études byzantines et arméniennes*, Louvain, 1973, I, 665-81, 693.

presque complète de décoration animée, de son hostilité au chalcédonisme. A cet égard, l'art d'Ani est beaucoup plus *national* que celui du Vaspurakan.

Le décor de la cathédrale de Kars est donc très composite. Pour expliquer ce fait, faut-il adopter l'hypothèse de A. Grabar selon laquelle les œuvres princières, et c'est le cas des Saints-Apôtres, sont éclectiques, imitant des motifs « à la mode » à côté de reprise d'archétypes paléo-chrétiens?[14]. Cette conception cadre en effet admirablement avec nos constatations; les motifs « à la mode » ce sont évidemment ceux des deux grandes puissances entre lesquelles était placée l'Arménie. L'œuvre serait donc le fruit d'un choix délibéré du roi Abas ou de ses conseillers. Pourtant le problème n'est pas aussi simple car un facteur nous paraît tout aussi déterminant que la fantaisie d'un prince : c'est la véritable rupture culturelle provoquée par la conquête arabe et entretenue par la politique califale en Arménie. Pendant près de deux siècles (le VIIIe et les trois premiers quarts du IXe), les Arabes entravèrent le développement de la civilisation arménienne, surtout dans l'expression artistique liée à son contenu religieux. Le nombre des églises construites durant cette période est infime. Il s'en suit que, les arts périclitant, il n'y eut plus bientôt, faute de commande, ni architecte, ni artiste. Quand les conditions politiques le permirent, c'est-à-dire à la fin du IXe siècle, quand fut avérée la décadence du califat, les princes arméniens résolurent de reconstruire leurs églises, ils ne disposaient pas des collaborateurs techniques et artistiques indispensables pour créer des formes nouvelles ou même pour reproduire correctement les anciennes.

Les nouveaux maîtres d'œuvre eurent tout à réapprendre, d'où les hésitations et les maladresses dans l'exécution des travaux d'architecture et la nécessité de copier là où ils les trouvaient les modèles de leur décoration. Ainsi leur choix, dans le cas particulier de l'Arménie du Xe siècle, paraît beaucoup moins délibéré qu'imposé par les hasards des circonstances historiques.

[14] GRABAR (O. et A.), « L'essor des arts inspirés par les cours princières à la fin du premier millénaire : princes musulmans et princes chrétiens », *Settimane di Studio del Centro Italiano di Studi sull'alto Medioevo*, Spolète, 1965, 882.

LISTE DES FIGURES DANS LE TEXTE

LISTE DES PLANCHES

TABLE DES MATIÈRES

1. Saints-Apôtres de Kars. Façade nord.

2. Saints-Apôtres de Kars. Façade ouest.

1. Saints-Apôtres de Kars. Façade est.

2. Saints-Apôtres de Kars. Façade sud.

3. Saints-Apôtres de Kars. Intérieur. Coupole.

4. Saints-Apôtres de Kars. Intérieur. Angle sud-est.

1. Saint-Jean de Mastara. Vue sud-ouest.

2. Saint-Serge d'Art'ik. Vue ouest.

3. Saint-Grégoire d'Haričavank'. Vue est.

4. Kümbet kilise. Vue sud.

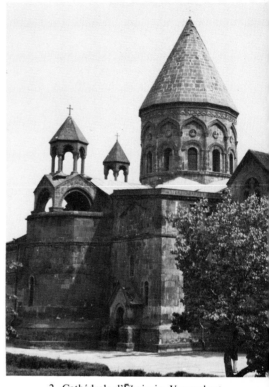

1. Église d'Oskepar. Vue nord.

2. Cathédrale d'Ējmiacin. Vue sud-est.

3. Reliquaire du Trésor d'Aix-la-Chapelle.

4. Saint-Thaddée d'Artaz. Intérieur ; Vue générale.

PLANCHE V

1. Personnage II (la Vierge).

3. Personnage III.

5. Personnage IX (Pierre ou André).

2. Salonique. Sainte-Sophie. Coupole (la Vierge).

4. Kiliclar kilise (Cappadoce). Apôtre.

6. Salonique. Sainte-Sophie. Apôtre (André).

3. Personnage VIII.

1. Personnage V.

2. Göreme, chapelle n° 6 (Cappadoce).
Apôtre.

4. Pürenli kilise (Cappadoce). Apôtres.

1. Bloc de la trompe nord-ouest.

2. Bloc de la trompe sud-ouest.

3. Bloc de la trompe nord-est.

4. Bloc de la trompe sud-est.

5. Écoinçons.

1. Chapiteau-imposte.

2. Oculus nord-ouest (Saint-Grégoire).

3. Lion passant.

4. Khatchkars.

5. Arc de fenêtre.

6. Arc de fenêtre.